Jacques Le Goff:
Die Intellektuellen im Mittelalter

Klett-Cotta
im
Deutschen
Taschenbuch
Verlag

Aus dem Französischen übersetzt von Christiane Kayser; überarbeitet von Gabriele Bonhoeffer. Die zweite Auflage der Originalausgabe erschien 1984 unter dem Titel ›Les intellectuels au Moyen Age‹ bei den Editions du Seuil, Paris.

Februar 1993
Deutscher Taschenbuch Verlag GmbH & Co. KG, München

Umschlagtypographie: Celestino Piatti
Umschlagbild: Psalterium des hl. Ludwig und der Bianca von Kastilien (13. Jh.): Ein Astronom mit einem Astrolabium in der Hand zwischen einem Schreiber und einem Rechner (EDIMEDIA, Paris)
Satz: IBV Satz- und Datentechnik, Berlin
Druck und Bindung: C. H. Beck'sche Buchdruckerei, Nördlingen
Printed in Germany · ISBN 3-423-04581-7

Das Buch

Das Aufblühen der Städte im 12. Jahrhundert und die Wiedergewinnung antiken Wissens, die Beweglichkeit und Wißbegier junger Scholaren ließen eine neue Gruppe von »Meisterdenkern« entstehen, von Handwerkern des Geistes, »die beruflich denken und ihre Gedanken lehren«. Tiefgreifende Veränderungen der wirtschaftlichen Verhältnisse auf der einen Seite brachten auf der anderen eine neue geistige Freiheit hervor. Die Intellektuellen, die Le Goff als »Schreibende und Lehrende« in den Städten neben den Handwerkern und Kaufleuten sieht, waren kritische, aufklärerische Denker, Männer und Frauen, die Bücher nicht für Luxus hielten und auch nicht für eine Kapitalanlage (wie Karl der Große), und die die Meinung vertraten, das Wissen gehöre allen und nicht nur den Herrschenden. Wie andere Fachleute schlossen sich Professoren und Studenten in Körperschaften zusammen und bildeten Universitäten.
Die Lebendigkeit des Aufbruchs im 12. Jahrhundert hielt jedoch nicht lange an. In den Wirren des 13. und 14. Jahrhunderts erstarrte das universitäre System. Es entstand der Gelehrtentyp des Humanisten, antiintellektuell und mehr Literat als Wissenschaftler. Der Humanist des Spätmittelalters war ein Forscher und kein Lehrer. Le Goffs Studie von 1957 hat nichts von ihrer Frische eingebüßt. Es ist eine spannende Darstellung jener Epoche des Mittelalters, die reich war an Kontroversen und Neuerungen, Bewegtheit und Gefahren für alle.

Der Autor

Jacques Le Goff, geb. 1924, Präsident des Hautes Etudes en Sciences Sociales in Paris, ist einer der bekanntesten Historiker Europas. Zahlreiche Werke, die wie ›Das Hochmittelalter‹, ›Der Mensch des Mittelalters‹ (Hrsg.) und ›Die Geburt des Fegefeuers‹ (dtv 4532) auch in deutscher Übersetzung vorliegen, weisen ihn als bedeutenden Vertreter der »Nouvelle histoire« aus.

Inhalt

Einleitung

Der Totentanz, der im ausgehenden Mittelalter die verschiedenen »Stände« der Welt – das heißt die verschiedenen Gruppen der Gesellschaft – ins Nichts mitzieht, in dem sich die Empfindsamkeit dieser Epoche des Niedergangs gefällt, reißt oft neben Königen, Adligen, Geistlichen, Bürgern und Angehörigen des einfachen Volkes einen Kleriker[1] mit, der nicht immer zu den Mönchen und Priestern gehört.

Er ist der Abkömmling eines selbständigen Stammes des abendländischen Mittelalters: dem der Intellektuellen. Warum dieser Name, der unserem Buch den Titel gibt? Er ist nicht das Resultat einer willkürlichen Wahl. Unter so vielen Worten: Gelehrter, Dozent, Kleriker, Denker (die Terminologie der Geisteswelt war schon immer verschwommen), weist dieses auf ein genau umrissenes Milieu: das der Magister in den Schulen. Es taucht im Hochmittelalter auf, verbreitet sich in den städtischen Schulen des 12. Jahrhunderts und ab dem 13. Jahrhundert in den Universitäten. Es bezeichnet diejenigen, die beruflich denken und ihre Gedanken lehren. Diese Verbindung aus eigenem Nachdenken und seiner Weitergabe durch die Lehre charakterisierte den Intellektuellen. Sicher war bis zur damaligen Zeit dieses Milieu nie so genau umgrenzt und der Intellektuelle sich seiner Identität noch nie so bewußt wie im Mittelalter. Statt sich selbst mit dem vieldeutigen Begriff des »Klerikers« zu bezeichnen, suchte er, sich einen Namen zu geben, für den Siger von Brabant im 13. Jahrhundert zum Vorkämpfer wurde: den des *philosophus*. Ich benutze ihn hier jedoch nicht, denn für uns ist ein Philo-

[1] Kleriker (franz. *clerc*) bedeutete gleichzeitig Geistlicher und Gelehrter. Der Begriff wird im folgenden in diesem Doppelsinn benutzt, wobei das Gewicht sich mit der Zeit immer mehr auf »Gelehrter« verlagert. (A.d.Ü.)

soph etwas anderes. Das Wort stammt aus der Antike. Zur Zeit des heiligen Thomas von Aquin und des Siger war Aristoteles *der* Philosoph schlechthin. Doch im Mittelalter ist der Philosoph christlich. Er drückt das Ideal der Schulen des 12. bis 15. Jahrhunderts aus: den christlichen Humanismus. Der Humanist aber ist für uns ein anderer Gelehrtentypus, und zwar der der Renaissance des 15. und 16. Jahrhunderts, der sich gerade vom mittelalterlichen Intellektuellen abhebt.

Aus dieser Skizze – der ich gerne den Untertitel ›Einführung in eine historische Soziologie des abendländischen Intellektuellen‹ gegeben hätte, wäre da nicht meine Angst vor zu hohem Anspruch und dem Mißbrauch von Begriffen, mit denen heute Schindluder getrieben wird – aus dieser Skizze wurden also berühmte Vertreter des reichen mittelalterlichen Denkens ausgeklammert. Weder die Mystiker, die eingeschlossen hinter Klostermauern lebten, noch die Dichter oder die Chronisten, die, weit entfernt von den Schulen, ganz anderen Kreisen angehörten, werden hier berücksichtigt, es sei denn episodisch und als Kontrast. Selbst die überragende Gestalt Dantes, der das Denken des abendländischen Mittelalters beherrschte, wird nur wie ein chinesisches Schattenspiel auftauchen. Wenn er auch die Universitäten besucht hat (ist er jemals wirklich in Paris, in der Rue du Fouarre gewesen?) und sein Werk ab Ende des 14. Jahrhunderts in Italien zur Textinterpretation verwendet wird, wenn auch die Figur des Siger in seinem ›Paradies‹ in seltsam anmutenden Versen erscheint, so ist er doch Vergil über den dunklen Wald hinaus auf anderen Pfaden gefolgt, als den von unseren Intellektuellen gebahnten oder eingeschlagenen. Ein Rutebeuf, ein Jean de Meung, ein Chaucer, ein Villon, alle mehr oder weniger durch ihre Zeit in den Schulen geprägt, werden hier nur in diesem Zusammenhang erwähnt.

Ich beziehe mich im folgenden also nur auf einen Aspekt des mittelalterlichen Denkens, auf einen Gelehrtentypus unter anderen. Ich verkenne weder die Existenz noch die Bedeutung anderer Geistesfamilien, anderer geistiger Meister. Doch der hier behandelte schien mir so bemerkenswert, so bezeichnend für die Geschichte des abendländischen Denkens und soziologisch so genau definiert, daß seine Gestalt und seine Geschichte meine Aufmerksamkeit geweckt haben. Im übrigen setze ich ihn sehr zu Unrecht in den Singular, wo er doch so vielfältig war – wie die folgenden Seiten, so hoffe ich, zeigen werden. Von Abaelard bis Ockham, von Albertus Magnus bis Johannes Gerson, von Siger von Brabant bis Bessarion – welch unterschiedliche, widersprüchliche Temperamente, Charaktere, Interessen!

Als Gelehrten und Professor, als beruflichen Denker, kann man den Intellektuellen auch durch bestimmte psychologische Züge definieren, die zu geistiger Verschrobenheit führen können durch bestimmte Charaktereigenheiten, die sich verhärten, zu schlechten Gewohnheiten, Manien werden können. Zum Widerspruch neigend, läuft der Intellektuelle Gefahr, zum Nörgler zu werden. Als Wissenschaftlicher droht ihm geistige Unbeweglichkeit. Und der Kritiker in ihm, wird er nicht aus Prinzip zerstören, systematisch schlechtmachen? Es gibt genügend Schmäher unter den Zeitgenossen, die ihn zum Sündenbock stempeln. Das Mittelalter spottete zwar über die verknöcherten Scholastiker, war aber nicht derart ungerecht. Es hat weder den Fall Jerusalems den Universitätsangehörigen noch die Katastrophe von Azincourt den Sorbonagren[1] zugeschrieben. Hinter der Vernunft hat es die Leidenschaft des Gerechten, hinter der Wissenschaft den Durst nach Wahrheit, hinter der Kritik die Suche nach etwas Besserem zu sehen gewußt. Dante hat den Feinden des Intellektuellen bereits vor Jahrhunderten widersprochen, als er die drei größten intellektuellen Gestalten des

[1] Spöttische Wortschöpfung Rabelais' aus Sorbonne und *onagre* (Wildesel), zur Bezeichnung der Theologen an der mittelalterlichen Sorbonne. (Anm. d. Red.)

13. Jahrhunderts ins Paradies versetzte und dort versöhnte: den heiligen Thomas, den heiligen Bonaventura und Siger von Brabant.

Erster Teil
Das 12. Jahrhundert
Die Geburt der Intellektuellen

Städtische Renaissance und die Geburt des Intellektuellen im 12. Jahrhundert

Am Anfang waren die Städte. Im Abendland erblickt der mittelalterliche Intellektuelle mit ihnen das Licht der Welt. Im Rahmen ihres mit Handel und Industrie – bescheidener ausgedrückt, mit Handwerk – verbundenen Aufschwungs tritt er als einer jener Fachleute in Erscheinung, die sich in den Städten niederlassen, dort, wo sich die Arbeitsteilung durchgesetzt hat.

Vorher entsprach die von Adalbero von Laon getroffene Unterteilung der gesellschaftlichen Klassen (die betende – die Kleriker; die schützende – die Adligen; die arbeitende – die Leibeigenen) kaum der Wirklichkeit. Der Leibeigene bebaute zwar das Land, war aber auch Handwerker. Der Adlige war Soldat, aber auch Grundbesitzer, Richter, Verwalter. Die Kleriker – besonders die Mönche – waren oft all das gleichzeitig. Die geistige Arbeit war nur eine ihrer Tätigkeiten. Sie war kein Ziel an sich, sondern Auftrag für ihr ganzes Leben und durch die Ordensregel auf Gott ausgerichtet. Im Verlauf ihres Mönchslebens nahmen sie möglicherweise kurzfristig die Gestalt eines Professors, eines Gelehrten oder eines Schriftstellers an. Ein flüchtiger, immer zweitrangiger Aspekt ihrer Persönlichkeit. Sogar jene, die die Intellektuellen der kommenden Jahrhunderte ankündigen, sind selbst noch keine. Alkuin war in erster Linie ein hoher Beamter, der Kulturminister Karls des Großen. Wolf von Ferrières war in erster Linie ein Abt, der sich für Bücher interessierte und mit Vorliebe in seinen Briefen Cicero zitierte.

Ein von Beruf schreibender oder lehrender – besser: gleichzeitig schreibender und lehrender – Mensch, ein Professor und Gelehrter, kurz ein Intellektueller, ein solcher Mensch tritt erst mit den Städten in Erscheinung.

Wirklich wahrzunehmen ist er erst im 12. Jahrhundert.

Natürlich schießt die mittelalterliche Stadt des Abendlands um die Zeit nicht plötzlich wie ein Pilz aus der Erde. Nach Ansicht einiger Historiker war sie sogar bereits im 11., ja im 10. Jahrhundert vollständig entwickelt, und jede neue Nummer unserer Fachzeitschriften enthält ein neues Datum der Stadtgründungen, jedes noch etwas früher angesetzt als das vorige.

Zweifellos hat es im Abendland immer Städte gegeben, aber die »Kadaver« der römischen Städte aus der Spätantike umschlossen in ihren Mauern nur eine Handvoll Bewohner mit einem militärischen, administrativen oder kirchlichen Führer. Es waren zumeist Bischofssitze, in denen sich ein spärliches Häuflein von Laien um einen kaum zahlreicheren Klerus scharte; das wirtschaftliche Leben beschränkte sich auf einen kleinen lokalen, den täglichen Bedürfnissen angepaßten Markt.

Wahrscheinlich auf den Ruf der islamischen Welt hin, die für ihre gewaltigen städtischen Kundschaften – in Damaskus, Kairo, Tunis, Bagdad, Cordoba – nach den Handelswaren des barbarischen Abendlandes verlangt – Holz, Schwerter, Pelze, Sklaven –, entwickeln sich sicher ab dem 10., vielleicht schon ab dem 9. Jahrhundert embryonale Städte, die *portus*, als unabhängige Einheiten an die Flanken der bischöflichen Sitze oder der militärischen »Ortschaften« geschmiegte Vorstädte. Doch dieses Phänomen gewinnt erst im 12. Jahrhundert ausreichende Tragweite. Zu diesem Zeitpunkt hat es die wirtschaftlichen und gesellschaftlichen Strukturen des Abendlandes zutiefst umgewandelt, und es erschüttert über die kommunale Bewegung allmählich seine politischen Strukturen.

Zu diesen Umwälzungen gesellt sich eine weitere, eine kulturelle. In dieser Zeit des Anbrechens oder auch der Renaissance kommen die Intellektuellen auf. Das vorliegende Bändchen möchte die Geschichte ihrer wichtigsten Vertreter und das Mißgeschick ihrer Nachfolger skizzieren, bis zum Ende des sogenannten Mittelalters, wenn jene andere »Renaissance« beginnt.

Gab es eine Karolingische Renaissance?

Man kann zwar vor dem 12. Jahrhundert kaum von einer wirklichen städtischen Renaissance in nennenswertem Umfang sprechen, aber kann man deshalb die Ende des 8. und in der ersten Hälfte des 9. Jahrhunderts liegende, traditionell Karolingische Renaissance genannte Epoche übergehen?

Ohne sie leugnen zu wollen oder, wie manche Historiker, von einer »sogenannten Renaissance« zu sprechen, wollen wir ihren Rahmen etwas genauer bestimmen.

Für eine Renaissance weist sie keines der quantitativen Merkmale auf, die dieser Begriff, wie uns scheint, erfordert. Zwar verbessert sie die Bildung der am Hofe erzogenen Söhne des Adels und der in einigen großen klösterlichen oder bischöflichen Zentren herangebildeten künftigen Kleriker, doch sie beseitigt fast vollständig die Überreste jenes notdürftigen Unterrichts der Merowingerklöster für die Kinder aus den umliegenden Landstrichen. Anläßlich der großen Reform des Benediktinerordens von 817, zu der der heilige Benedikt von Aniane Kaiser Ludwig den Frommen anregte und die die Abkehr des einfachen Benediktinermönchtums vom weltlichen Leben festlegte, werden die »externen« Schulen der Klöster geschlossen. Renaissance für eine geschlossene, zahlenmäßig sehr schwache Elite, die der klerikalen Karolingermonarchie eine kleine Ausbildungsstätte für ihre Verwalter und Politiker verschaffen soll.[1]

Über diese Rekrutierung von Führungskräften für Monarchie und Kirche hinaus ließ die intellektuelle Bewegung der Karolingerzeit weder in ihrer Arbeitsausrüstung noch in ihrer Geisteshaltung irgendwelche missionarischen oder selbstlosen Tendenzen erkennen.

[1] Die Geschichtsschulbücher der französischen Republik begingen einen großen Irrtum, als sie dem Volk Karl den Großen, der übrigens Analphabet war, als Beschützer der Schuljugend und Vorläufer von Jules Ferry nahebringen wollten.

Die herrlichen Handschriften dieser Zeit sind Luxuswerke. Die Zeit, die darauf verwendet wird, sie in Schönschrift zu schreiben – die Kalligraphie ist, stärker noch als die fehlerhafte Orthographie, das Merkmal einer ungebildeten Zeit mit sehr geringer Nachfrage nach Büchern –, sie für den Hof oder für einige große weltliche oder kirchliche Persönlichkeiten prachtvoll zu verzieren, bekundet, daß die Bücher außerordentlich langsam von Hand zu Hand gingen.

Richtiger gesagt, sie sind gar nicht zum Lesen da. Sie tragen zum Anwachsen der Kirchenschätze und des Vermögens einzelner Reicher bei. Sie sind eher ein wirtschaftliches als ein geistiges Gut. Einige Autoren, die die Texte der Alten oder der Kirchenväter abschreiben, betonen, daß der Wert des geistigen Inhalts weit über dem materiellen liege. Man glaubt ihnen aufs Wort. Aber das steigert lediglich den Preis der Bücher. Karl der Große verkauft einen Teil seiner schönen Handschriften, um Almosen zu verteilen. Bücher werden genauso behandelt wie wertvolles Tafelgeschirr.

Die Mönche, die sie in den *scriptoria* der Klöster mühselig niederschreiben, interessieren sich nur am Rande für den Inhalt; für sie ist das Wesentliche der aufs Schreiben verwendete Fleiß, die verbrachte Zeit und die durchlebte Erschöpfung. Das alles ist Buße, mit der sie sich den Himmel verdienen. Übrigens bemessen sie, gemäß jener dem Barbarenrecht entlehnten Gepflogenheit der hochmittelalterlichen Kirche zur tarifierten Aufrechnung von Verdiensten und Strafen, die freigekauften Fegefeuerjahre nach der Zahl der Seiten, Zeilen, Buchstaben, oder sie jammern umgekehrt über die Unachtsamkeit, mit der sie durch Überspringen eines bestimmten Buchstabens ihren Fegefeueraufenthalt verlängert haben. Sie hinterlassen ihren Nachfolgern den Namen jenes Teufelchens, das darauf spezialisiert ist, sie zu hänseln: »Titivillus«, der Dämon der Schreiber, den Anatole France wiederentdecken wird.

Für diese Christen, in denen noch der Barbar schlummert, ist die Wissenschaft ein Schatz. Er muß sorgfältig gehütet werden. Geschlossene Kultur neben geschlossener Wirtschaft. Die Karolingische Renaissance hortet, statt zu säen. Ist eine geizige Renaissance denn überhaupt möglich?

Durch eine Art ungewollter Großzügigkeit der Geschichte kann die Karolingerzeit diese Bezeichnung trotz allem beanspruchen. Ihr wohl eigenwilligster und bedeutendster Denker, Johannes Scotus Eriugena, findet zu seiner Zeit noch keine Beachtung; er wird erst im 12. Jahrhundert bekannt, verstanden und herangezogen. Doch dann werden die in den karolingischen *scriptoria* kopierten Handschriften, die Vorstellung von den sieben Freien Künsten, die Alkuin von Martianus Capella, dem Rhetor des 5. Jahrhunderts, übernahm, die von ihm formulierte Idee der *translatio studii* – der Ablösung der Kulturzentren Athen und Rom durch das Abendland, genauer durch Gallien –, all diese angehäuften Schätze werden wieder in Umlauf gebracht, in den Schmelztiegel der städtischen Schulen geschüttet und von der Renaissance des 12. Jahrhunderts als letztes Stück Vermächtnis der Antike aufgesogen.

Die Modernität des 12. Jahrhunderts
Die Alten und die Modernen

Neues zu schaffen, neue Menschen zu sein, dieses Gefühl erfüllt die Intellektuellen des 12. Jahrhunderts. Kann es überhaupt eine Renaissance ohne das Gefühl der Neugeburt geben? Denken wir nur an die Renaissencemenschen des 16. Jahrhunderts, an Rabelais zum Beispiel.

Sie sprechen und schreiben von den *moderni* und meinen damit die Autoren ihrer Zeit. Moderne, das sind sie, und das zu sein verstehen sie. Doch sie sind Moderne, die sich keineswegs gegen die Alten wenden: im Gegenteil, sie ahmen sie nach, schöpfen aus ihnen, steigen auf ihre Schultern. Petrus von Blois ruft aus: »Man kann nur von finsterer Unwissenheit zum Licht der Wissenschaft gelangen, wenn man die Werke der Alten mit immer stärkerer Liebe wieder und wieder liest. Sollen die Hunde bellen, die Schweine grunzen! Ich bleibe dennoch ein Anhänger der Alten. Ihnen gilt all mein Bemühen, und jeden Tag wird mich das Morgenrot bei ihrem Studium antreffen.«

Dies ist, in der Überlieferung seines berühmten Schülers, Johannes von Salisbury, die Grundlehre, wie sie Meister Bernhard in Chartres, einem der bekanntesten Schulzentren des 12. Jahrhunderts, verbreitete: »Je mehr Disziplinen man kennt und je tiefer man von ihnen durchdrungen ist, desto vollständiger erfaßt man den rechten Sinn der (antiken) Autoren und desto genauer wird man ihn weiterlehren. Die Alten schufen, dank der *Diacrisis*, was wir mit ›Illustrierung‹ oder ›Kolorierung‹ übertragen können, ausgehend vom Rohmaterial einer Geschichte, eines Motivs, einer Fabel, mit Hilfe all dieser Disziplinen und großer Kunst der Synthese und des Würzens, mit dem vollendeten Werk ein Abbild aller ›Künste‹. Grammatik und Dichtkunst durchdringen einander und behandeln umfassend den gesamten Gegenstand. Dann flicht die Logik, die Farben der Beweisführung beitragend, ihre rationalen Beweise mit goldenem Gepränge ein; die Rhetorik imitiert durch Überzeugungskraft und sprühende Eloquenz das Funkeln des Silbers. Die Mathematik, angetrieben von den Rädern ihres Viergespanns, überfliegt die Spuren der anderen Künste und hinterläßt dort in unendlicher Vielfalt ihre Farben und ihren Zauber. Die Physik trägt, nachdem sie die Geheimnisse der Natur ausgelotet hat, den vielseitigen Zauber all ihrer Nuancen bei. Schließlich überragt der erhabenste aller Zweige der Philosophie, die Ethik, ohne die es den Philosophen nicht einmal dem Namen nach gäbe, alle anderen durch die Würde, die sie auf das Werk überträgt. Sieh Dir Vergil oder Lukan an, und Du wirst, welche Philosophie Du auch immer vertreten magst, etwas Passendes finden. Darin besteht, je nach Fähigkeit des

Meisters und Geschick sowie Fleiß des Schülers, der Gewinn aus der vorherigen *Lektüre* der *Autoren der Antike*. Dies ist die Methode des Bernhard von Chartres, der reichhaltigsten Quelle schöner Literatur im Gallien der Neuzeit...«

Doch ist diese Nachahmung nicht Servilität? Später wird man erkennen, welche Fesseln daraus entstanden, daß die abendländische Kultur antike Elemente übernahm, unverdaut und ohne sie zu adaptieren. Doch im 12. Jahrhundert ist das alles noch so neu!

Diese Magister, die Kleriker und gute Christen sind, ziehen als Lehrbuch Vergil dem Ekklesiastes , Platon dem heiligen Augustinus vor, nicht nur weil sie überzeugt sind, daß Vergil und Platon reich an moralischen Belehrungen sind und daß sich hinter der Rinde das Mark verbirgt (gibt es davon nicht mehr in den Heiligen Schriften oder bei den Kirchenvätern?), sondern die ›Aeneis‹ oder der ›Timaios‹ sind für sie in erster Linie *wissenschaftliche* Werke, von Gelehrten verfaßt und für den spezialisierten, technischen Unterricht geeignet, während die Heilige Schrift und die Schriften der Kirchenväter, die ebenfalls reich an wissenschaftlichem Stoff sein können (ist beispielsweise die Genesis etwa kein naturwissenschaftliches und kosmologisches Werk?), dies nur in zweiter Linie sind. Die Alten, sind *Spezialisten*, die eher in einem *spezialisierten* Lehrbetrieb am Platz sind – dem der *Freien Künste*, der schulischen Disziplinen – als die Kirchenväter oder die Heilige Schrift, die eher der Theologie vorbehalten bleiben sollen. Der Intellektuelle des 12. Jahrhunderts ist ein Professioneller: sein Arbeitsmaterial sind die Schriften der Alten, und ihre Nachahmung ist die wichtigste seiner Techniken.

Die Alten werden benutzt, um weiter vorzudringen, wie die italienischen Schiffe das Meer benutzen, um an die orientalischen Quellen des Reichtums zu gelangen.

Das ist der Sinn des bekannten Ausspruchs des Bernhard von Chartres, der im Mittelalter einen solchen Widerhall fand: »Wir sind auf den Schultern von Riesen hokkende Zwerge. Wir sehen so mehr und weiter als sie, nicht weil unsere Sicht schärfer oder unser Wuchs höher ist, sondern weil sie uns in die Lüfte heben und um ihre ganze gigantische Größe erhöhen...«

Die Bedeutung des kulturellen Fortschritts, das drückt dieses berühmte Bild aus; kurz gesagt: die Bedeutung des historischen Fortschritts. Im Hochmittelalter war die Geschichte stehengeblieben, die im Abendland triumphierende Kirche hatte sie verwirklicht. Otto von Freising übernimmt die augustinische These von den zwei Staaten und erklärt: »Von dem Augenblick an, da nicht nur alle Menschen, sondern sogar die Kaiser bis auf wenige Ausnahmen katholisch waren, habe ich, so scheint mir, nicht die Geschichte zweier Staaten, sondern sozusagen die eines einzigen geschrieben, den ich Kirche nenne.«

Es war die Rede vom *Willen* der Feudalherren – und damit auch der in die feudalen Strukturen integrierten Mönche –, *die Zeit zu ignorieren*. Als Guizot später den politischen Sieg der Bourgeoisie erreicht hat, glaubt auch er, am Ende der Geschichte angelangt zu sein. Die Intellektuellen des 12. Jahrhunderts setzen in dieser im Aufbau begriffenen städtischen Umgebung, in der alles zirkuliert und sich verändert, den Motor der Geschichte wieder in Bewegung und bestimmen ihre Mission zuerst in der Zeit: *veritas, filia temporis*, sagt ebenfalls Bernhard von Chartres.

Der griechisch-arabische Beitrag

Die Wahrheit ist nicht nur eine Tochter der Zeit, sondern auch des geographischen Raums. Die Städte sind Umschlagplätze für Menschen, die mit Ideen beladen sind wie mit Waren, sie sind Orte des Austauschs, Märkte für geistige Güter. In diesem 12. Jahrhundert, als das Abendland noch kaum Rohstoffe exportieren kann – der Aufschwung des Textilwesens beginnt jedoch –, kommen die seltenen

Produkte, die kostbaren Gegenstände aus dem Orient, aus Byzanz, Damaskus, Bagdad, Cordoba. Und neben Gewürzen und Seide bringen die Handschriften die griechisch-arabische Kultur in das christliche Abendland.

Das Arabische ist hier in erster Linie Zwischenträger. Die Werke von Aristoteles, Euklid, Ptolemäus, Hippokrates, Galen sind mit den ketzerischen Christen – Monophysiten und Nestorianern – sowie den von Byzanz verfolgten Juden in den Orient gelangt und von ihnen den islamischen Bibliotheken und den moslemischen Schulen vermacht worden, die sie großzügig aufnahmen. Jetzt sind sie auf der Rückreise und landen an den Ufern der abendländischen Christenheit. Dabei ist die Rolle des christlichen Saums der lateinischen Staaten des Orients sehr zweitrangig. Die Front des Zusammentreffens zwischen Abendland und Islam ist vor allem eine militärische, die Front der bewaffneten Auseinandersetzung, der Kreuzzüge. Austausch von Schlägen, nicht von Ideen und Büchern. Nur ganz selten sickert ein Werk durch diese Kampflinie. Hauptsächlich zwei Kontaktzonen nehmen die orientalischen Handschriften auf: Italien und, mehr noch, Spanien. Hier haben weder die zeitweiligen Niederlassungen der Moslems in Sizilien und Kalabrien noch die Wogen der christlichen *Reconquista* je den friedlichen Austausch verhindert.

Die christlichen Jäger der griechischen und arabischen Handschriften dringen bis nach Palermo vor, wo die normannischen Könige Siziliens und später Friedrich II. mit ihrer dreisprachigen Kanzlei – Griechisch, Latein, Arabisch – den ersten Renaissancehof Italiens unterhalten, und bis in das 1087 von den Heiden zurückeroberte Toledo, wo die christlichen Übersetzer unter der Schutzherrschaft Erzbischof Raimunds (1125 – 1151) wirken.

Die Übersetzer sind die Vorreiter dieser Renaissance. Das Abendland versteht kein Griechisch mehr – Abaelard bedauert dies und fordert die Nonnen des Paraklet auf, diese Lücke zu füllen und so die Männer kulturell zu überrunden. Die Sprache der Wissenschaft ist Latein. Arabische Originaltexte, arabische Fassungen griechischer Texte und griechische Originaltexte werden also übersetzt, entweder von Einzelpersonen oder meistens von Arbeitsgruppen. Die Christen des Abendlands lassen sich von den spanischen Christen helfen, von den Mozarabern, die unter islamischer Herrschaft gelebt haben, aber auch von Juden und sogar von Moslems. Auf diese Weise werden alle Kompetenzen vereint. Eine dieser Gruppen ist wohlbekannt: Sie wird von dem berühmten Abt von Cluny, Petrus Venerabilis, zusammengestellt, um den Koran zu übersetzen. Bei einer Inspektionsreise zu den Kluniazenserklöstern in Spanien, die nach und nach während der *Reconquista* entstanden sind, hat Petrus Venerabilis als erster die Idee, die Moslems nicht auf militärischem, sondern auf geistigem Gebiet zu bekämpfen. Um ihre Doktrin zu widerlegen, muß man sie kennen – diese für uns naive und selbstverständliche Überlegung ist zur Zeit der Kreuzzüge eine Verwegenheit.

»Ob man der mohammedanischen Irrlehre den schändlichen Namen der Häresie oder den ehrlosen Namen des Heidentums gibt, man muß gegen sie handeln, das heißt schreiben. Doch die Lateiner und vor allem die Neuzeitlichen kennen durch den Untergang der antiken Kultur – wie die Juden sagen, die einst die sprachgewandten Apostel bewunderten – keine andere Sprache mehr als die ihrer Heimat. Deshalb konnten sie weder die Ungeheuerlichkeit dieser Irrlehre erkennen noch ihr den Weg versperren. Daher hat sich mein Herz entzündet, und ein Feuer hat mich in meiner Meditation verzehrt. Es hat mich empört, daß die Lateiner die Ursache eines solchen Verderbens verkannt haben und daß ihre Unwissenheit ihnen die Fähigkeit zum Widerstand genommen hat; denn niemand entgegnete, niemand wußte. Ich habe also Spezialisten der arabischen Sprache aufgesucht, durch die dieses tödliche Gift mehr als die Hälfte des Erdkreises verseuchen konnte. Ich habe sie durch inständiges Bitten und mit Geld dazu gebracht, die Geschichte und die Lehre jenes Unseligen und sogar sein Gesetz, das man Koran nennt, vom Arabischen ins Lateinische zu übertragen. Und damit die Übersetzung ganz getreu sei und kein Irrtum unser volles Verständnis verfälsche, habe ich den christlichen Übersetzern einen Sarazenen zur Seite gestellt. Hier die Namen der Christen: Robert von Ketten, Hermann der Dalmatier, Peter von Toledo; der Sarazene hieß Mohammed. Nachdem diese Arbeitsgruppe die Bibliotheken jenes barbarischen Volkes bis ins letzte durchforscht hatte, hat sie ein umfangreiches Buch zusammengestellt und für die lateinischen Leser veröffentlicht. Diese Arbeit wurde in dem Jahr vollbracht, da ich mich nach Spanien begab und mit seiner Majestät, Alfonso, dem siegreichen König der Spanischen Reiche, zusammentraf, das heißt im Jahr des Herrn 1142.«

Wir haben das Unternehmen des Petrus Venerabilis als Beispiel herangezogen; es ist aber eher eine Randerscheinung in der Übersetzungsbewegung, die uns beschäftigt. Die christlichen Übersetzer in Spanien wenden sich nicht dem Islam, sondern den griechischen und arabischen wissenschaftlichen Abhandlungen zu. Der Abt von Cluny betont, daß er sich nur mittels einer großzügigen Entschädigung der Dienste der Spezialisten versichern konnte. Die vorübergehende Abkehr von ihren eigenen beruflichen Aufgaben mußte teuer bezahlt werden.

Was bringt dem Abendland dieser erste Typus von Forschern, von spezialisierten Intellektuellen, was die Übersetzer des 12. Jahrhunderts ja sind: ein Jakob von Venedig, ein Burgundio von Pisa, ein Moses von Bergamo, ein Leon Tuscus in Byzanz und in Norditalien, ein Aristippos von

Palermo auf Sizilien, ein Adelard von Bath, ein Platon von Tivoli, Hermann der Dalmatier, ein Robert von Ketten, ein Hugo von Santalla, ein Gondisalvi, ein Gerhard von Cremona in Spanien? Er füllt die Lücken, die das lateinische Erbe in der abendländischen Kultur gelassen hat: die Philosophie und vor allem die Wissenschaften. Die Mathematik mit Euklid, die Astronomie mit Ptolemäus, die Medizin mit Hippokrates und Galen, die Physik, die Logik und die Ethik mit Aristoteles, das ist der immense Beitrag dieser Geistesarbeiter. Und, vielleicht mehr noch als der Stoff, die Methode, Wissensdurst, logisches Schließen und die ganze *Logica nova* des Aristoteles – die der beiden ›Analytika‹ *(priora* und *posteriora)*, der ›Topika‹, der ›Elenchi‹ (›Sophistici Elenchi‹) –, die zu der *Logica vetus*, der Alten Logik, stößt, welche über den wieder hoch angesehenen Boethius bekannt wird. Das ist der Schock, das Stimulans, die Lehre, die der Hellenismus der Antike nach einer langen Reise durch den Orient und Afrika dem Abendland übermittelt.

Fügen wir noch den spezifisch arabischen Beitrag hinzu: die Arithmetik mit der Algebra des Al-Kharizmi – bevor in den ersten Jahren des 13. Jahrhunderts Leonardo von Pisa die sogenannten arabischen Zahlen einführt, die in Wirklichkeit hinduistisch sind, aber über die Araber aus Indien kommen –; die Medizin mit Rhazi – den die Christen Rhazes nennen – und vor allem Ibn Sina oder Avicenna, dessen medizinische Enzyklopädie, der ›Canon medicinae‹, zum wichtigsten Nachschlagewerk der abendländischen Medizin werden sollte; Astronomen, Botaniker, Agronomen – und dazu noch Alchimisten, die den Lateinern die fieberhafte Suche nach dem Elixier übertragen; schließlich die Philosophie, die seit Aristoteles mit Al Farabi und Avicenna mächtige Synthesen schafft. Mit den Werken geben die Araber den Christen auch die Worte für Ziffer, Null (Zero), Algebra sowie gleichzeitig das Handelsvokabular: *Basar*, *douane* (Zoll), *fondouk* (fondaco, Marktplatz) *gabelle* (Salzsteuer), *Scheck* usw.

So erklärt es sich auch, daß derart viele Wissensdurstige sich aufmachen nach Italien, aber vor allem nach Spanien, wie etwa jener Engländer, Daniel von Morlay, der dem Bischof von Norwich seine intellektuelle Reiseroute geschildert hat:
»Die Studienleidenschaft hat mich aus England vertrieben. Ich blieb einige Zeit in Paris. Ich sah dort nur Wilde, die mit würdevollem Gewicht auf ihren Lehrstühlen thronten, vor ihnen zwei oder drei Schemel mit riesigen, die Lehren des Ulpianus in Goldschrift wiedergebenden Werken; sie hielten Bleifedern in Händen, mit denen sie ernsthaft Asterisken und Obelen[1] in ihre Bücher malten. Ihre Unwissenheit zwang ihnen die Haltung von Statuen auf, doch sie gaben vor, ihre Weisheit gerade durch ihr Schweigen zu demonstrieren. Wenn sie den Mund zu öffnen versuchten, hörte ich nichts als Kindergestammel. Sobald ich die Lage begriffen hatte, dachte ich darüber nach, wie ich diesen Risiken entgehen und mich jenen ›Künsten‹ zuwenden könnte, die die Schriften der Alten erhellen, ohne sie nur im Vorübergehen zu grüßen oder ihnen auf Abkürzungswegen auszuweichen. Und weil Toledo heute der Ort ist, an dem die Lehren der Araber, die fast ausschließlich aus den Künsten des Quadrivium[2] bestehen, verbreitet werden, begab ich mich eilends dort hin, um die Vorlesungen der weisesten Philosophen der Erde zu hören. Da Freunde mich zurückriefen, und ich gebeten wurde, aus Spanien heimzukehren, bin ich mit einer kostbaren Ladung Bücher nach England gekommen. Man sagt mir, hierzulande sei das Lehren der Freien Künste unbekannt, Aristoteles und Platon seien zugunsten von Titus und Seius in völlige Vergessenheit geraten. Mein Schmerz war groß und ich habe mich, um nicht der einzige Grieche unter den Römern zu bleiben, auf die Suche nach einer Stätte gemacht, wo ich lernen kann, diese Art Studien zum Blü-

[1] Sternchen und Querstriche, mit denen man Fehler markierte.
[2] Das heißt aus Arithmetik, Geometrie, Musik und Astronomie.

hen zu bringen... Niemand soll sich aufregen, wenn ich mich in Bezug auf die Erschaffung der Welt auf das Zeugnis der heidnischen Philosophen und nicht der Kirchenväter berufe, denn obgleich erstere nicht zu den Gläubigen gehören, müssen einige ihrer Aussprüche, solange sie von Glauben erfüllt sind, in unsere Unterweisungen eingegliedert werden. Auch uns, die wir auf mystische Weise aus Ägypten befreit wurden, hat der Herr befohlen, die Schätze der Ägypter zu plündern, um die Hebräer damit zu bereichern. Plündern wir also auf Anweisung des Herrn und mit Seiner Hilfe die Weisheit und die Redekunst der heidnischen Philosophen, plündern wir diese Ungläubigen aus, um uns selbst mit dieser Beute im Glauben zu bereichern.«

Daniel von Morley hat nur die traditionelle, dekadente, überholte Seite von Paris gesehen. Es gibt aber noch etwas anderes im Paris des 12. Jahrhunderts.

Spanien und Italien kennen nur eine erste Fassung des griechisch-arabischen Stoffs, eben diese Übersetzung, die seine Vereinnahmung durch die abendländischen Intellektuellen ermöglicht.

Die Zentren der Eingliederung des orientalischen Beitrags in die christliche Kultur befinden sich anderswo. Die bedeutendsten, Chartres und Paris, sowie die traditionelleren, Laon, Reims und Orléans, liegen in jenem anderen Gebiet, in dem Tausch und Weiterverarbeitung stattfinden – diesmal von Fertigprodukten –, und in dem Norden und Süden aufeinandertreffen. Zwischen Loire und Rhein, in der gleichen Gegend, in der sich Großhandel und Banken bei den Messen der Champagne niedergelassen haben, entsteht jene Kultur, die aus Frankreich den ersten Erben Griechenlands und Roms machen wird, wie es Alkuin vorausgesagt, wie es Chrétien von Troyes besungen hatte.

Dank des wachsenden Ruhms der Kapetingermonarchie ist Paris das glanzvollste dieser Zentren. Magister und Studenten drängen sich entweder in der Cité und ihrer Domschule oder, mehr und mehr, am linken Seineufer, wo sie größere Unabhängigkeit genießen. Rund um die Kirche Saint-Julien-le-Pauvre zwischen der Rue de la Boucherie und der Rue de Garlande, weiter östlich um die Schule der Domherren von Sankt Viktor, im Süden, den Berg hinauf, den das Kloster der heiligen Genoveva mit einer weiteren großen Schule krönt. Neben den regulären Professoren des Kapitels von Notre-Dame, den Viktoriner- und Genovever-Domherren, ziehen unabhängigere Lehrer, die *zugelassenen* Professoren, denen der Scholasticus im Namen des Bischofs die *Licentia docendi*, die Lehrbefugnis, verliehen hat, in ihren Privathäusern oder in den ihnen zugänglichen Klöstern des heiligen Viktor oder der heiligen Genoveva Schüler und Studenten in immer größerer Zahl an. Paris verdankt seinen Ruf zunächst dem Glanz der theologischen Lehrveranstaltungen, die den Gipfel der schulischen Disziplinen bilden, doch bald schon mehr noch jenem Zweig der Philosophie, der unter Einbeziehung des Aristotelischen Beitrags und durch den Rückgriff auf logisches Schließen dem rationalen Vorgehen des Geistes zum Triumph verhilft: der Dialektik.

So ist Paris wirklich und symbolisch für die einen der Leitstern, die Quelle allen geistigen Genusses, für die anderen die Lasterhöhle des Teufels, in der sich die Perversität der von philosophischer Verderbtheit überkommenen Geister mit den Schändlichkeiten eines dem Spiel, dem Wein und den Frauen verschriebenen Lebens vermengen. Die Großstadt ist der Ort des Verderbens. Paris ist das moderne Babylon. Der heilige Bernhard ruft den Pariser Lehrern und Studenten zu: »Fliehet aus Babylons Kreis, fliehet und rettet Eure Seelen. Eilt alle gemeinsam zu den Städten der Zuflucht (das heißt den Klöstern), wo ihr für

Eure Vergangenheit büßen, in der Gnade der Gegenwart leben und vertrauensvoll die Zukunft erwarten könnt. Du wirst weit mehr in den Wäldern als in den Büchern finden. Die Hölzer und Steine werden Dich mehr lehren als irgendein Magister.«

Und jener andere Zisterzienser, Petrus von Celle: »O Paris, wie verstehst Du es, die Seelen zu entzücken und zu täuschen! In Deinen Mauern stürzen die Netze des Lasters, die Fallen des Übels, die Pfeile der Hölle die unschuldigen Herzen ins Verderben... Wie glückselig ist doch im Gegensatz dazu die Schule, in der Christus unsere Herzen die Sprache der Weisheit lehrt, in der wir ohne Arbeit oder Vorlesungen lernen, das ewige Leben zu erreichen! Dort kauft man kein Buch, entlohnt keinen Professor der Schrift, dort gibt es keinen Disputswirrwar, kein Sophismengewebe, die Lösung aller Probleme ist dort einfach, man lernt die Ursachen aller Dinge.«

So stellt die Partei der heiligen Einfalt der Schule des Lärms die der Einsamkeit, der Schule der Stadt die des Klosters, der Schule des Aristoteles und des Hippokrates die des Jesus Christus entgegen.

Der grundlegende Gegensatz zwischen den neuen Klerikern der Städte und den Klosterkreisen, die in ihrer Erneuerung im 12. Jahrhundert über die Entwicklung der abendländischen Benediktinerbewegung hinaus zu den Grundregeln des primitiven Mönchtums zurückkehren, blitzt in folgendem Ausruf des Zisterziensers Wilhelm von Saint-Thierry auf, eines engen Freundes des heiligen Bernhard: »Die Brüder des Mont-Dieu! Sie bringen das Licht des Morgenlandes in die Finsternis des Abendlandes; in die Kälte der gallischen Lande bringen sie die religiöse Inbrunst des alten Ägypten, nämlich das einsame Leben, den Spiegel des himmlischen Lebens.«

So fordert – eine merkwürdige Paradoxie – der mönchische Spiritualismus im Herzen des Abendlandes die Rückkehr zum Mystizismus des Morgenlandes zu genau der Zeit, als die städtischen Intellektuellen aus der griechisch-arabischen Kultur den Gärstoff des Geistes und der Denkmethoden schöpfen, die das Abendland kennzeichnen und seine intellektuelle Stärke ausmachen werden: Klarheit des logischen Schließens, Pflege der wissenschaftlichen Genauigkeit, Glaube und Intelligenz, sich gegenseitig stützend. Entscheidend ist, daß die städtischen Intellektuellen das Abendland von den Phantasiegebilden eines anderen Asien, eines anderen Afrika abrücken: dem der mystischen Wälder und Wüsten.

Doch gerade die Rückzugsbewegung der Mönche ebnet den Weg für das Aufkommen der neuen Schulen. 1131 untersagt das Reimser Konzil den Mönchen jede medizinische Tätigkeit außerhalb der Klöster; Hippokrates hat freie Bahn.

Die Pariser Kleriker haben nicht auf den heiligen Bernhard gehört. 1164 schreibt Johann von Salisbury an Thomas Becket: »Ich habe einen Umweg über Paris gemacht. Als ich dort die Fülle der Nahrungsmittel sah, die Beschwingtheit der Menschen, das Ansehen, das die Kleriker genießen, die Majestät und die Glorie der ganzen Kirche und die mannigfaltigen Aktivitäten der Philosophen, da glaubte ich voller Bewunderung, Jakobs Leiter zu erblikken, deren Spitze den Himmel berührt und auf der die Engel auf- und absteigen. Begeistert über diese glückselige Pilgerfahrt mußte ich gestehen: Der Herr ist hier, und ich wußte es nicht. Und mir kam das Dichterwort in den Sinn: Welch glückliches Exil durchlebt jener, der an diesem Orte wohnt.« Und Abt Philipp von Harvengt, wohl wissend, welche Bereicherung das Studium in der Großstadt bedeutet, schreibt an einen seiner Schüler: »Jetzt bist Du, von der Liebe zur Wissenschaft getrieben, in Paris und hast dieses von so vielen ersehnte Jerusalem gefunden. Es ist die Wohnstatt Davids..., die des weisen Salomon. Ein solcher Andrang, eine solche Menge an Klerikern trifft dort zusammen, daß sie allmählich die vielköpfige Bevölkerung der Laien überrunden. Glückliche Stadt, in der die Heiligen Bücher mit so viel Fleiß gelesen und ihre komplizierten Geheimnisse mit den Gaben des Heiligen Geistes gelöst werden, wo es so viele erlauchte Professoren und eine so hervorragende theologische Wissenschaft gibt, daß man sie die Stadt der *Belles lettres* nennen könnte!«

Die Goliarden

In diesem Konzert der Lobeshymnen auf Paris erhebt sich eine Stimme mit besonderer Kraft, die einer seltsamen Intellektuellengruppe: der Goliarden. Für sie ist Paris »das Paradies auf Erden, die Rose der Welt, der Balsam des Universums«. *Paradisius mundi Parisius, mundi rosa, balsamum orbis.*

Wer sind diese Goliarden? Alles verschwört sich, um uns ihr Gesicht vorzuenthalten: die Anonymität, die die meisten von ihnen umgibt, die Legenden, die sie selbstgefällig über sich selbst in Umlauf gebracht haben, dazu diejenigen, die ihre Feinde – mit vielen Verleumdungen und Unterstellungen – verbreitet haben, oder auch solche, die gewoben wurden von Gelehrten und modernen Historikern, die durch trügerische Ähnlichkeiten fehlgeleitet oder durch Vorurteile verblendet waren. Einige berufen sich auf die Urteile der Konzile und Synoden sowie einiger kirchlicher Autoren des 12. und 13. Jahrhunderts. Diese Goliarden oder Wanderkleriker werden Vaganten, Liederjane, Spielmänner und Narren geschimpft. Man hat aus ihnen Taugenichtse, falsche Studenten gemacht, die man bald gerührten Auges – die Jugend muß sich ja austoben –, bald voller Angst und Verachtung betrachtet: Sind diese Störenfriede und Ordnungsverächter nicht doch gefährlich? Andere hingegen sehen in ihnen eine Art städtische Intelligenz, einen revolutionären, für alle Formen der Opposition gegen den Feudalismus offenen Kreis. Wo liegt die Wahrheit?

Wir kennen die Herkunft des Begriffs Goliarde nicht, doch wenn wir erst einmal die erdichteten Etymologien ausklammern, die ihn von Goliath, der Verkörperung des Teufels, dem »Feind Gottes« ableiten, oder von *gula*, dem Maul, womit seine Anhänger zu »Vielfraßen« oder »Maulhelden« werden, wenn wir anerkennen, daß es unmöglich ist, einen historischen Golias als Gründer eines Ordens der Goliarden zu identifizieren, bleiben uns dennoch einige biographische Einzelheiten über bestimmte Goliarden, Gedichtsammlungen wie die ›Carmina Burana‹, unter ihrem – einzelnen oder kollektiven – Namen, und die zeitgenössischen Texte, die sie verurteilen oder anschwärzen

Das intellektuelle Vagantentum

Zweifellos herrschte in ihrem Milieu eine Vorliebe für Gesellschaftskritik. Ob städtischen, bäuerlichen oder sogar adligen Ursprungs, sie sind in erster Linie Entwurzelte, typische Vertreter einer Epoche, in der der demographische Aufschwung, der aufkommende Handel und die entstehenden Städte die feudalen Strukturen sprengen, Deklassierte, Waghalsige und Unglückliche auf die Straßen werfen und an deren Schnittpunkten, wo die Städte liegen, versammeln. Die Goliarden sind die Kinder dieser das 12. Jahrhundert kennzeichnenden gesellschaftlichen Mobilität. Diese aus den feststehenden Strukturen Entwichenen stellen einen Skandal erster Güte für alle traditionsgebundenen Geister dar. Das Hochmittelalter hatte sich darum bemüht, jeden an seinem Platz, in seiner Aufgabe, in seiner Ordnung, in seinem Stand festzuschreiben. Die Goliarden sind Ausbrecher. Als mittellose Ausbrecher bilden sie in den städtischen Schulen jene armen Studentenbanden, die sich irgendwie durchschlagen, sich bei ihren begüterten Kommilitonen als Diener verdingen oder von Bettelei leben, denn, wie Eberhard von Bremen feststellt: »Paris mag ein Paradies für die Reichen sein, für die Armen ist es ein beutegieriger Sumpf.« Und er beklagt die *Parisiana fames*, den Hunger der armen Pariser Studenten.

Manchmal verdienen sie sich ihren Lebensunterhalt als Gaukler oder Narren, und daher stammt sicher der oft auf sie angewandte Schimpfname. Bedenken wir aber auch, daß man damals die Bezeichnung *joculator*, Gaukler, all jenen an den Kopf wirft, die man gefährlich findet, aus der Gesellschaft ausgrenzen will. Ein *joculator* ist ein »Roter«, ein Rebell.

So brechen diese armen, weder durch einen festen Wohnsitz noch durch irgendwelche Pfründe oder Vermögen gehaltenen Studenten in das intellektuelle Abenteuer auf, folgen dem Magister, der ihnen gefällt, stürzen sich auf einen anderen, der gerade im Gerede ist, klauben von Stadt zu Stadt ziehend die unterschiedlichen Lehren zusammen. Sie bilden den Kern jenes das 12. Jahrhundert ebenfalls kennzeichnenden studentischen Vagantentums und verleihen ihm einen Zug von Abenteuer, Spontaneität und Kühnheit. Doch sie bilden keine gesellschaftliche Klasse. Sie sind von unterschiedlicher Herkunft und haben unterschiedliche Bestrebungen. Sicher, sie haben dem Krieg das Studium vorgezogen. Doch ihre Brüder bevölkern die Armeen, die Kreuzzugstruppen, marodieren entlang Europas und Asiens Straßen, machen sich zur Plünderung Konstantinopels auf. Wenn sie auch alle Kritik üben, so träumen doch manche, möglicherweise viele, davon, den Platz der von ihnen Kritisierten einzunehmen. Hugo von Orléans, genannt Hugo Primas (woraus der *Primasso* des ›Dekameron‹ wurde), ist ein erfolgreicher Lehrer in Orléans und Paris, berühmt für seinen trockenen Humor; er führt anscheinend stets ein karges Leben und bewahrt sich einen unentwegt regen Geist; hingegen lebt der Archipoeta von Köln auf Kosten Rainalds von Dassel, Erzkanzler Friedrich Barbarossas, dessen Loblied er in den höchsten Tönen singt. Serlo von Wilton hat sich der Partei der Königin Mathilde von England angeschlossen und ist nach seiner Bekehrung Zisterzienser geworden.

Walther von Châtillon lebt am Hofe Heinrichs II. Plantagenêt, dann an dem des Erzbischofs von Reims, und stirbt schließlich als Kanoniker. Sie träumen von einem freigebigen Mäzen, fetten Pfründen, einem großzügigen, glücklichen Leben. Es scheint, als wollten sie lieber die neuen Nutznießer der gesellschaftlichen Ordnung werden als sie verändern.

Der Immoralismus

Dennoch beinhalten ihre Gedichte bittere Angriffe auf diese Gesellschaft; viele von ihnen sind durchaus revolutionär. Spiel, Wein, Liebe: dieses Dreigespann besingen sie zunächst – was die frommen Seelen ihrer Zeitgenossen empörte, die modernen Historiker jedoch eher milde stimmt.

> Ich bin ein leicht' Ding,
> Wie das Blatt, mit dem der Sturmwind spielt.
>
> Wie die ohne Fährmann treibende Barke,
> Wie ein durch die Lüfte irrender Vogel,
> Halten mich weder Anker noch Seile.
>
> Die Schönheit der Mädchen traf meine Brust.
> Kann ich sie nicht berühren, so trage ich sie im Herzen.
>
> Man wirft mir zweitens das Spiel vor. Doch sobald mich das Spiel
> Nackt und meinen Körper kalt zurückläßt, erhitzt sich mein Geist.
> Gerade dann dichtet meine Muse ihre schönsten Gesänge.
> Reden wir drittens von der Taverne.
>
> In der Taverne will ich sterben,
> Dort, wo die Weine dem Mund des Sterbenden nah sind,

Danach werden Engelschöre herunterschweben
und singen:
»Gott sei diesem guten Trinker gnädig.«

Das klingt recht harmlos und gibt allenfalls einen – das Geniale vermissen lassenden – Vorgeschmack auf Villon. Doch Vorsicht, das Gedicht hat auch schärfere Zeilen:

Gieriger bin ich nach Wollust als nach ewigem Heil,
ist meine Seele tot, so kümmert mich nur das
Fleisch.

Wie hart ist es, die Natur zu bezähmen!
Und beim Anblick einer Schönen reinen Geistes
zu bleiben.
Die Jugend kann ein so hartes Gesetz nicht
befolgen,
ihre lustvollen Körper fordern ihr Recht.

Ist es zu kühn, hier, in diesem provozierenden Immoralismus, in diesem Lob der Erotik – das bei den Goliarden oft bis zur Obszönität geht – den Entwurf einer Naturmoral, die Negation der kirchlichen Gebote und der traditionellen Moral zu sehen? Gehört der Goliarde etwa nicht zu der großen Familie der Freigeister, die über die Freiheit der Sitten und der Sprache hinaus auf die Freiheit des Geistes aus sind?

Das in der Vagantendichtung ständig wiederkehrende Bild des Glücksrads ist mehr als nur ein dichterisches Thema, es drückt zweifellos mehr aus, als jene Zeitgenossen in ihm sahen, die es ohne Arglist, wenn auch nicht frei von Hintergedanken, in den Kathedralen abbildeten. Doch das Glücksrad, das sich dreht und eine ewige Wiederkehr überwacht, und der blinde Zufall, der Erfolge umkehrt, sind eigentlich nicht gerade revolutionäre Themen: Sie leugnen den Fortschritt, sprechen der Geschichte jeden Sinn ab. Sie können eine gesellschaftliche Umwälzung herbeiführen, aber nur insofern, als sie ein Desinteresse an der Zukunft voraussetzen. Genau daher stammt die Vorliebe der Goliarden für diese – aufständischen, wenn nicht revolutionären – Themen, die sie in ihren Gedichten besungen und in ihren Miniaturen dargestellt haben.

Die Gesellschaftskritik

Es ist bezeichnend, daß sich die Goliardendichtung – lange bevor dies zu einem Allgemeinplatz der bürgerlichen Literatur wird – gegen alle Vertreter der hochmittelalterlichen Ordnung wendet: gegen den Geistlichen, den Adligen, sogar den Bauern.

Innerhalb der Kirche greifen die Goliarden mit Vorliebe jene an, die gesellschaftlich, politisch, ideologisch besonders eng mit den gesellschaftlichen Strukturen verwoben sind: den Papst, den Bischof, den Mönch.

Die antipäpstliche und antirömische Einstellung der Goliarden vermengt sich, ohne darin aufzugehen, mit zwei anderen Strömungen: Mit der der Ghibellinen, die vorrangig die weltlichen Ansprüche des Papsttums kritisieren und das Reich gegen die Kirche unterstützen, sowie mit der moralisierenden Strömung, die dem Papst und dem Römischen Hof ihre Teilnahme am weltlichen Leben, ihren Luxus und ihre Geldgier vorwirft. Sicher, es gab Goliarden in der kaiserlichen Partei – zum Beispiel den Archipoeta von Köln –, und die Goliardendichtung dient oft als Vorlage für Satiren gegen den Papst, selbst wenn diese lediglich ein herkömmliches, oft völlig entschärftes Motiv wiederkäuen. Doch in Ton und Geist unterscheiden sich die Goliarden sehr deutlich von den Ghibellinen. Mit dem römischen Pontifex und seinem Umkreis wollen sie das Oberhaupt und die Garanten einer gesellschaftlichen, politischen und ideologischen Ordnung, besser noch jeder hierarchischen Gesellschaftsordnung, treffen, denn die Goliarden sind eher Anarchisten als Revolutionäre. Als sich das Papsttum nach der Gregorianischen Reform von den feudalen Strukturen zu lösen sucht und sich außer auf die alte Grundherrschaft nun auch auf die neue Geldmacht stützt, prangern die Goliarden diese neue Politik an und attackieren dabei nach wie vor die alte Tradition.

Gregor VII. hatte erklärt: »Der Herr hat nicht gesagt: ›Mein Name ist Gewohnheit‹.« Die Goliarden beschuldigten seine Nachfolger, dem Herrn den Spruch »Mein Name ist Geld« in den Mund zu legen.

»Beginn des heiligen Evangeliums nach Markus Argentus: Zu jener Zeit verkündete der Papst den Römern: ›Wenn der Menschensohn zum Sitz Unserer Majestät kommen wird, fragt ihn zuerst: Freund! Warum bist du gekommen? und klopft er weiter an, ohne Euch etwas zu geben, so soll er in die dunkle Nacht zurückgestoßen werden.‹ Es geschah also, daß ein armer Kleriker an den Hof des Herrn Papstes kam und flehte: ›Laßt Gnade walten, oh Ihr päpstlichen Türsteher, denn die Hand der Armut hat mich berührt. Ich bin arm und bedürftig. Darum bitte ich Euch, helft mir in meiner Not und meinem Elend!‹ Sie aber hörten ihn an, empörten sich und sagten: ›Freund! Deine Armut sei mit Dir zu Deinem Verderben! Weiche Satan, Du kennst nicht die Macht des Geldes. Amen, Amen! Ich sage Dir: Du wirst nicht in die Freude Deines Herrn eingehen, bevor Du nicht Deinen letzten Heller hergegeben hast.‹ Und der Arme zog von dannen, verkaufte seinen Mantel, sein Wams sowie alles, was er bei sich trug, und gab den Kardinälen, Türstehern und Kämmerern das Geld. Doch sie sagten: ›Was ist dies für so viele?‹ Und sie setzten ihn vor die Tür. Der Verstoßene weinte bitterlich und fand keinen Trost.

Hierauf kam an den päpstlichen Hof ein reicher, dicker und sich fett ausbreitender Kleriker, der während eines Aufstands einen Menschen erschlagen hatte. Er gab zuerst dem Türsteher, dann dem Kämmerer und schließlich den Kardinälen. Und sie beschlossen untereinander, ihren Vorteil daraus zu ziehen.

Als nun der Herr Papst erfuhr, daß die Kardinäle und

Offiziere zahlreiche Gaben von jenem Kleriker erhalten hatten, wurde er sehr schwer krank. Der Reiche jedoch sandte ihm ein Electuarium aus Gold und Silber, worauf der Papst sofort geheilt war. Darob rief der Herr Papst seine Offiziere zusammen und sagte ihnen: ›Brüder, gebt acht, daß Euch niemand mit leeren Worten verführt. Nehmt Euch ein Beispiel an mir. Wie ich auffange, so fangt auch Ihr auf.‹«

Nachdem sich der Klerus mit dem Adel eingelassen hat, läßt er sich jetzt mit den Schiebern ein. Die Kirche, die vorher mit den Feudalherren heulte, bellt jetzt mit den Kaufleuten. Als Sprachrohr jener Intellektuellengruppe, die im städtischen Rahmen eine weltliche Kultur zu fördern sucht, brandmarken die Goliarden diese Entwicklung:

> Die Ordnung des Klerus
> fällt der Verachtung der Weltlichkeit anheim;
> die Braut Christi wird zur Prostituierten,
> von der Dame zur Dirne.
> *(Sponsa Christi fit mercalis, generosa generalis.)*

Die geringe Rolle des Geldes im Hochmittelalter hielt die Simonie in Grenzen. Seine nunmehr wachsende Bedeutung führt zu ihrer allgemeinen Verbreitung.

Das satirische »Bestiarium« der Goliarden entwickelt im Stil der romanischen Groteske einen Fries mit Geistlichen, die in Tiere verwandelt sind, und läßt so am Frontispiz der Gesellschaft eine Welt klerikaler Wasserspeier auftauchen. Der Papst-Löwe verschlingt alles, das Bischofs-Kalb grast als gefräßiger Hirte die Weide vor seinen Schafen ab, sein Archidiakon ist ein Beute aufspürender Luchs, sein Dekan ein Jagdhund, der mit Hilfe der Offiziellen, der Jäger des Bischofs, die Fallen aufstellt und die Beute zutreibt. Das ist, der Goliardenliteratur zufolge, die »Spielregel«.

Während der als Opfer der Hierarchie sowie als Bruder im Elend und im Ausgebeutetsein angesehene Pfarrer von den Goliarden im allgemeinen verschont wird, ziehen sie kräftig über den Mönch her. Diese Angriffe beinhalten mehr als die üblichen Späße über die schlechten Sitten der Mönche: Verfressenheit, Faulheit, Ausschweifung. Der säkulare Geist klagt in den Mönchen Rivalen an, die den armen Pfarrern Pfründe, Büßer und Gläubige abjagen. Im darauffolgenden Jahrhundert findet sich diese Auseinandersetzung in verschärfter Form an den Universitäten wieder. Aber es geht um mehr, und zwar um die Ablehnung einer ganzen Seite des Christentums, nämlich der, die der Welt entsagen will, die sich von Grundbesitz abwendet und sich der Einsamkeit, der Askese, der Armut, der Enthaltsamkeit, sogar der als Verzicht auf die geistigen Güter angesehenen Unwissenheit verschreibt. Zwei grundverschiedene Lebensweisen also, der extrem zugespitzte Gegensatz zwischen aktivem und kontemplativem Leben, das Paradies auf Erden einerseits und das leidenschaftlich außerhalb der Welt gesuchte Heil andererseits. Darauf beruht der Antagonismus zwischen Mönch und Goliarde, und das macht aus letzterem den Vorläufer des Renaissance-Humanisten. Der Dichter des »Deus pater, adiiua«, der einen jungen Kleriker vom Klosterleben wegführt, gibt einen Vorgeschmack auf die Angriffe eines Valla gegen die *gens cucullata*, »die Rasse der Kapuzenträger«.

Als Stadtmensch verachtet der Goliarde natürlich auch die ländliche Welt; er verspürt nur Abscheu gegenüber dem grobschlächtigen Bauern, über den er in der bekannten ›Deklination des Bauerntölpels‹ herzieht:

dieser Gemeine
dieses Tölpels
diesem Teufel
diesen Dieb
oh Räuber!
durch diesen Plünderer
diese Verdammten
dieser Elenden
diesen Lügnern

diese Nichtsnutze
oh Hassenswerte!
durch diese Ungläubigen.

Der Adlige ist schließlich seine dritte Zielscheibe. Er spricht ihm seine angeborenen Privilegien ab.

Adlig ist jener, den die Tugend geadelt hat;
Entartet ist jener, den keinerlei Tugend bereichert hat.

Der alten Ordnung setzt er eine neue, auf Verdienste begründete entgegen.

Der Adel des Menschen besteht im Geist, dem Abbild des Göttlichen,
Der Adel des Menschen besteht in der edlen Sippe der Tugenden,
Der Adel des Menschen besteht in der Selbstbeherrschung,
Der Adel des Menschen besteht in der Förderung der einfachen Leute,
Der Adel des Menschen besteht in den ihm von der Natur zugestandenen Rechten,
Der Adel des Menschen besteht darin, nur die Schändlichkeit zu fürchten.

Im Adligen verabscheut er auch den Offizier, den Soldaten. Für den städtischen Intellektuellen haben, was die Ehre betrifft, geistige Kämpfe und Dialektikturniere Waffengefecht und kriegerische Heldentaten ersetzt. Der Archipoeta von Köln hat seinen Abscheu vor dem Waffendienst bekundet (*me terruit labor militaris*), genauso wie Abaelard, einer der größten Goliardendichter, in seinen heute leider verlorenen Liedern, die man damals auf dem Genovevaberg vortrug und sang, wie heutzutage Schlager.

Der Antagonismus zwischen Adligem-Soldaten und Intellektuellem neuen Stils tritt vielleicht am klarsten in einem Bereich von besonderem soziologischen Interesse in

Erscheinung: in der Beziehung zwischen den Geschlechtern. Die Grundlage der berühmten Debatte zwischen Kleriker und Ritter – Anlaß für unzählige Gedichte – ist die Rivalität zweier gesellschaftlicher Gruppen um die Frau. Für die Goliarden ist Protzerei über den Erfolg bei Frauen die beste Art, ihre Überlegenheit gegenüber den Feudalherren zu betonen: Sie ziehen uns vor, der Kleriker ist ein besserer Liebhaber als der Ritter. In dieser Behauptung kann der Soziologe den bezeichnenden Ausdruck eines Kampfes zwischen zwei gesellschaftlichen Gruppen sehen. Im ›Lied von Phyllis und Flora‹, von denen die eine einen Kleriker und die andere einen Ritter *(miles)* liebt, fassen die Heldinnen ihre Erfahrungen in einem die höfischen Minneregeln nachäffenden Satz folgendermaßen zusammen:

> In Theorie und Praxis der Liebe
> erweist sich der Kleriker
> begabter als der Ritter.

Trotz ihrer Bedeutung wurden die Goliarden an den Rand der intellektuellen Bewegung zurückgedrängt. Zweifellos haben sie Zukunftsthemen aufgeworfen, die allerdings im Verlauf ihrer langen Geschichte verwässert wurden; sie haben auf das lebhafteste ein Milieu vertreten, das begierig war, sich zu befreien; sie haben dem folgenden Jahrhundert zahlreiche Vorstellungen von Naturmoral, Freizügigkeit der Sitten oder auch des Geistes sowie Kritik der religiösen Gesellschaft hinterlassen, die wir bei Universitätsangehörigen, in der Dichtung eines Rutebeuf, im ›Roman de la Rose‹ des Jean de Meung und einigen jener Lehrsätze wiederfinden, die 1277 in Paris verdammt wurden. Doch im 13. Jahrhundert lösen sie sich auf. Verfolgungen und Verurteilungen treffen sie, und ihre Neigung zu rein destruktiver Kritik macht es ihnen unmöglich, ihren Platz im universitären Bereich zu finden, den sie ohnehin manches Mal links liegen ließen, um nach einem müßigeren Dasein Ausschau zu halten oder sich dem Vagantentum hinzugeben. Schließlich führte die Fixierung der intellektuellen Bewegung auf organisierte Zentren, die Universitäten, zum Aussterben dieser Rasse von Entwurzelten.

Abaelard

Petrus Abaelardus war zwar Goliarde und der Stolz des Pariser Goliardenkreises, aber seine Bedeutung und sein intellektueller Beitrag reichten weit darüber hinaus. Er ist – im Rahmen der Modernität des 12. Jahrhunderts – der erste große moderne Intellektuelle, der erste *Professor*.

Sein Werdegang ist erstaunlich; er paßt zu diesem Mann. Abaelard ist 1079 in Le Pallet bei Nantes geboren, Bretone, und entstammt dem niederen Adel, dessen Lebensbedingungen durch die Einführung der monetären Wirtschaft schwierig werden. Mit Freuden überläßt er seinen Brüdern den Waffendienst und macht sich ans Studieren.

Abaelard verzichtet auf die Waffen des Kriegers, um andere Kämpfe auszufechten. Er ist zu jeder Schlacht bereit und wird – nach einer Bezeichnung von Paul Vignaux – zum »Ritter der Dialektik«. Er ist immer unterwegs und stets überall dort, wo ein geistiges Gefecht zu liefern ist. Er regt ständig neue Ideen an, und wo er auch hinkommt, entstehen leidenschaftliche Diskussionen.

Sein intellektueller Kreuzzug führt ihn zwangsläufig nach Paris. Dort tritt ein weiterer Charakterzug an ihm zutage: der Drang, Idole zu zerstören. Sein offen zugegebenes Selbstvertrauen – er sagt gern *de me presumens*, was nicht »zuviel bei mir vorausetzend« bedeutet, sondern »im Bewußtsein meines Wertes« – läßt ihn die Klinge mit Wilhelm von Champeaux, dem berühmtesten der Pariser Magister, kreuzen. Er provoziert ihn, treibt ihn in die Enge, zieht das Publikum auf seine Seite. Wilhelm zwingt ihn zur Abreise. Doch dieses junge Talent läßt sich nicht mehr ersticken. Abaelard ist zum Meister geworden. Seine Schüler folgen ihm nach Melun, dann nach Corbeil, wo er Vorlesungen hält. Plötzlich versagt der Körper dieses Mannes, der nur seinem Intellekt lebt; er erkrankt und muß sich für einige Jahre in die Bretagne zurückziehen.

Nach seiner Genesung kehrt er zurück nach Paris zu seinem Erzfeind Wilhelm von Champeaux. Es folgen neue Gefechte. In seinen Überzeugungen erschüttert, ändert Wilhelm seine Doktrin unter Berücksichtigung der Kritiken seines jungen Widersachers. Doch dieser ist noch lange nicht zufrieden. Er verdoppelt seine Anstrengungen und treibt es so weit, daß er sich erneut nach Melun zurückziehen muß. Aber Wilhelms Sieg kommt einer Niederlage gleich. Seine Schüler haben ihn alle verlassen. Der alte Meister ist geschlagen und gibt das Lehren auf. Abaelard kehrt triumphierend zurück und läßt sich genau dort nieder, wohin sich sein alter Gegner zurückgezogen hat: auf dem Genovevaberg.

Die Würfel sind gefallen. Das Zentrum der Pariser Kultur wird für immer nicht die Ile de la Cité, sondern der Genovevaberg, das linke Seineufer sein; ein Mann hat das Schicksal eines Stadtviertels bestimmt. Abaelard hat keinen ebenbürtigen Gegner und leidet darunter. Als Logiker ärgert es ihn auch, daß die Theologen über alle anderen gestellt werden. Er schwört sich, auch Theologe zu werden. Er nimmt das Studium wieder auf und eilt nach Laon, um die Vorlesungen Anselms, des berühmtesten Theologen seiner Zeit, zu hören. Der Ruhm Anselms hält dem bilderstürmerischen Eifer des heißblütigen Antitraditionalisten nicht lange stand.

»Aber Anselm war eben ein alter Mann und dankte seinen großen Namen der Routine, die er sich in langen Jahren erworben, jedoch kaum einer besonderen geistigen Bedeutung. Wenn man ihn allein besuchte und sich über irgendwelche Fragen beraten lassen wollte, ging man noch ratloser weg, als man gekommen. Eine bewundernswerte Erscheinung, wenn er im Hörsaal allein das Wort führte, aber eine Null, wenn man ihm Fragen stellte. Seine Wortfülle war erstaunlich, aber was dahinter steckte, waren armselige Allerweltsgedanken; sein Feuer füllte das Haus mit Rauch, aber es leuchtete nicht. So war er ein Baum mit reicher Krone, staunenswert schön in der Fernsicht, aber betrachtete man ihn aus der Nähe, so konnte auch das sorgsamste Auge keine Frucht erblicken. Und wie ich nun von seinem Baum die Früchte pflücken wollte, da wurde es mir klar: er war der Feigenbaum, den der Herr verflucht, oder die alte Eiche, mit der Lukan seinen Pompejus vergleicht: ›...ein Schatten einstigen Glanzes steht er noch; so ragt hoch im Fruchtgefilde der Eichbaum.‹ Sobald mir das klar wurde, lag ich nicht mehr lange untätig in seinem Schatten, ich besuchte seine Vorlesungen immer seltener...«[1]

Nun wird Abaelard aufgefordert, erst einmal Gleiches zu leisten. Er hebt den Fehdehandschuh auf. Man weist ihn darauf hin, daß, wenn er auch die Philosophie gründlich beherrsche, er nichts von Theologie verstehe. Er erwidert, die gleiche Methode genüge für beide. Man verweist auf seine Unerfahrenheit. »Ich entgegnete, daß es nicht meine Gewohnheit sei, beim Lehren auf die Tradition zurückzugreifen, sondern auf meine Geisteskraft.«

Dann begeistert er seine Zuhörer mit einem improvisierten Kommentar zu den Weissagungen Ezechiels. Man reißt sich die Mitschriften dieses Vortrags aus den Händen, um sie zu vervielfältigen. Ein immer größer werdendes Publikum drängt ihn zur Fortsetzung seines Kommentars. Er kehrt dazu nach Paris zurück.

Heloise

Diese Glanzzeit wird 1118 abrupt durch das Liebesabenteuer mit Heloise unterbrochen. Wir kennen die Einzelheiten aus Abaelards außergewöhnlicher Autobiographie, der ›Historia Calamitatum‹, ›Geschichte meiner Leiden‹, diesen Vorgriff auf die ›Bekenntnisse‹.

[1] Übersetzt von Eberhard Brost. (A. d. Red.)

Es fängt an wie die ›Gefährlichen Liebschaften‹. Abaelard ist kein Wüstling. Doch die »midlife-crisis« überkommt diesen neununddreißigjährigen Intellektuellen, der die Liebe nur aus den Büchern des Ovid und seinen eigenen, aus goliardischem Geist und nicht aus Erfahrung gedichteten Liedern kennt. Er steht auf der Höhe seines Ruhms und seines Hochmuts. Er gesteht: »Ich glaubte, ich sei nunmehr der einzige Philosoph der Welt...« Heloise ist nur eine weitere Eroberung, die denen des Geistes hinzugefügt werden soll. Und zunächst spielt sich das ganze eher im Kopf ab als im Bauch. Abaelard hört von der Nichte eines Kollegen, des Domherren Fulbert. Sie ist siebzehn, hübsch und so gebildet, daß ihr Wissen bereits in ganz Frankreich gerühmt wird. Das ist die richtige Frau für ihn. Er ertrüge keine Dumme; ihm gefällt, daß sie auch ein angenehmes Äußeres hat. Eine Frage von Geschmack und Prestige. Kaltblütig entwirft er einen Plan, dessen Gelingen seine höchsten Hoffnungen übersteigt. Geschmeichelt darüber, ihr einen solchen Lehrer verschaffen zu können, vertraut ihm der Domherr die junge Heloise als Schülerin an. Als es um die Entlohnung geht, setzt Abaelard bei dem sparsamen Fulbert mühelos eine Zahlung in Naturalien durch: Tisch und Bett. Der Teufel lauert. Zwischen Lehrer und Schülerin zündet der Funke: intellektueller und bald körperlicher Verkehr. Abaelard gibt seine Vorlesungen, seine Arbeiten auf, er ist wie besessen. Die Beziehung hält an, vertieft sich. Die Liebe entsteht und wird kein Ende haben. Sie wird den Unannehmlichkeiten, später der Tragödie standhalten.

Erste Unannehmlichkeit: Sie werden ertappt. Abaelard muß das Haus seines betrogenen Gastgebers verlassen. Sie treffen sich andernorts. Bald halten sie ihre Beziehung nicht mehr geheim. Sie glauben sich dem Skandal überlegen.

Zweite Unannehmlichkeit: Heloise wird schwanger. Abaelard nutzt eine Abwesenheit Fulberts, um seine als Nonne verkleidete Geliebte zu seiner Schwester in die

Bretagne zu bringen. Heloise bringt dort einen Sohn zur Welt, den sie Astrolabius nennen. Es ist gefährlich, das Kind eines Intellektuellenpaares zu sein.

Dritte Unannehmlichkeit: das Heiratsproblem. Schweren Herzens sucht Abaelard Fulbert auf und bietet ihm an, Heloise zu heiraten, um seine Tat wiedergutzumachen. In seiner interessanten Studie über das berühmte Paar weist Etienne Gilson nach, daß Abaelards Widerstreben nicht durch seinen Klerikerstatus verursacht wird. Als einfacher Tonsurierter kann er sich nach dem Kirchenrecht eine Frau nehmen. Doch er befürchtet, daß die Heirat seine Dozentenlaufbahn hemmen und ihn zum Gespött der gelehrten Welt machen könnte.

Frau und Ehe im 12. Jahrhundert

Im 12. Jahrhundert entfaltet sich nämlich eine starke Strömung gegen die Ehe. Zu genau der Zeit, als sich die Frau befreit, als sie nicht länger als Besitz des Mannes oder Gebärmaschine angesehen wird, als man sich nicht mehr fragt, ob sie überhaupt eine Seele habe – es ist das Jahrhundert des aufkommenden Marienkults im Abendland –, gerät die Heirat in Verruf, sowohl in adligen Kreisen – die körperliche oder geistige höfische Liebe gibt es nur außerhalb der Ehe, sie wird durch Tristan und Isolde, Lanzelot und Ginevra verkörpert – als auch in Gelehrtenkreisen, in denen eine ganze Theorie der natürlichen Liebe aufgestellt wird, die wir im folgenden Jahrhundert im ›Roman de la Rose‹ des Jean de Meung wiederfinden.

Die Frau gehört also dazu. Und als Heloise an der Seite Abaelards in Erscheinung tritt, paßt das einerseits gut zu der von den Goliarden unterstützten Bewegung, die für die Kleriker, einschließlich der Priester, die sinnlichen Genüsse fordert, und gleichzeitig offenbart es deutlich einen neuen Zug des Intellektuellen im 12. Jahrhundert. Sein Humanismus verlangt von ihm, ganz Mensch zu sein. Er lehnt alles ab, was sein Selbst beeinträchtigen könnte. Zu seiner Erfüllung braucht er die Frau an seiner Seite. In ihrer unverblümten Ausdrucksweise unterstreichen die Goliarden anhand von Zitaten aus dem Alten und dem Neuen Testament, daß Mann und Frau mit Organen ausgestattet sind, deren Gebrauch sie nicht geringschätzen dürfen. Vergessen wir die zahlreichen groben, schlüpfrigen Witze. Vergegenwärtigen wir uns dieses Klima, diese Gemütsverfassung, um das Ausmaß der bevorstehenden Tragödie besser zu erfassen und die Gefühle Abaelards besser zu verstehen.

Zuerst drückt Heloise die ihren aus. In einem erstaunlichen Brief drängt sie Abaelard, die Idee der Heirat aufzugeben. Sie beschwört das Bild des armen Intellektuellenhaushalts herauf, in dem sie leben müßten. Sie schreibt ihm: »Du könntest Dich nicht mit gleicher Sorgfalt um eine Ehefrau und um die Philosophie kümmern. Wie solltest Du Vorlesungen und Dienstboten, Bibliotheken und Wiegen, Bücher und Spinnrocken, Schreibgerät und Spindeln in Einklang bringen? Wie soll, wer sich theologischen und philosophischen Meditationen hingeben muß, Säuglingsgeschrei, die Wiegenlieder der Ammen, das geräuschvolle Treiben männlichen und weiblichen Gesindes ertragen? Wie kann er den ständig von kleinen Kindern erzeugten Schmutz dulden? Das können die Reichen, die einen Palast oder ein Haus besitzen, groß genug, um sich zurückzuziehen, die in ihrem üppigen Reichtum von Ausgaben gar nichts spüren, die nicht tagtäglich von materiellen Sorgen gepeinigt werden. Doch das sind nicht die Lebensbedingungen der Intellektuellen (Philosophen), und wer sich über Geld und materielle Sorgen Gedanken machen muß, kann sich nicht seinem theologischen oder philosophischen Werk widmen.«

Im übrigen findet man auch berühmte Persönlichkeiten, um diese Haltung zu untermauern und die Heirat des Gelehrten zu verurteilen. So ließe sich Theophrast oder mehr noch der heilige Hieronymus zitieren, der dessen Argumente in dem im 12. Jahrhundert so beliebten ›Adversus Jovinianum‹ übernahm. Und zum Kirchenvater ließe sich einer der Alten gesellen, Cicero, der, nachdem er Terentia verstoßen hatte, auch die Verbindung mit der Schwester seines Freundes Hirtius ablehnte.

Aber Abaelard nimmt das Opfer von Heloise nicht an. Die Heirat wird festgesetzt, doch geheimgehalten. Um Fulbert zu besänftigen, weiht das Paar ihn ein, und er wohnt sogar der kirchlichen Trauung bei.

Doch die Absichten der Betroffenen gehen auseinander. Abaelard will mit ruhigem Gewissen seine Arbeit wiederaufnehmen, während Heloise im Schatten bleiben soll. Fulbert hingegen will die Heirat bekanntgeben, die ihm gewährte Genugtuung öffentlich machen und sicher auch Abaelards Ansehen schwächen, denn er hat ihm nicht verziehen.

Abaelard entwickelt einen Plan gegen dieses lästige Vorhaben. Heloise wird sich in das Kloster von Argenteuil zurückziehen, wo er sie als Novizin einkleiden lassen wird. Das wird dem Gerede ein Ende bereiten. Heloise, die nur noch nach Abaelards Willen handelt, wird in dieser Verkleidung abwarten, bis die Gerüchte verstummen. Doch das hieß die Rechnung ohne Fulbert machen, der sich betrogen glaubt. Er bildet sich ein, Abaelard habe Heloise zu den Nonnen abgeschoben, die Ehe sei aufgelöst. Daraufhin erfolgt die nächtliche Strafexpedition in Abaelards Haus: seine Verstümmelung, am anderen Morgen eine Menschenansammlung, der Skandal.

Abaelard versteckt seine Schande in der Abtei von Saint-Denis. Nach dem oben Gesagten wird das Ausmaß seiner Verzweiflung verständlich. Kann ein Eunuch noch ein Mann sein?

Wir trennen uns hier von Heloise, die nicht länger zu unserem Thema gehört. Wir wissen von der bewundernswerten Seelenfreundschaft, die die beiden Liebenden bis zu ihrem Tod von einem Kloster zum anderen unterhielten.

Neue Kämpfe

Die intellektuelle Leidenschaft hat Abaelard geheilt. Als seine Wunden verbunden sind, findet er wieder zu seiner früheren Kampfeslust. Die unwissenden, groben Mönche gehen ihm auf die Nerven. Mit seinem Hochmut geht er wiederum den Mönchen auf die Nerven, deren Einsamkeit darüber hinaus von den zahllosen Schülern gestört wird, die zu ihrem Meister kommen und ihn anflehen, wieder zu lehren. Für sie schreibt Abaelard seinen ersten theologischen Traktat. Sein Erfolg mißfällt. Ein »als Konzil aufgeputztes Konventikel« tritt 1121 in Soissons zusammen, um über ihn zu richten. Die Stimmung ist leidenschaftlich aufgeheizt – seine Feinde haben, um das Konzil zu beeindrukken, die Menge aufgestachelt, die ihn zu lynchen droht –, und trotz der Bemühungen des Bischofs von Chartres, der eine zusätzliche Untersuchung fordert, wird das Buch verbrannt und Abaelard auf Lebzeiten hinter Klostermauern verbannt.

Er kehrt nach Saint-Denis zurück, und die Streitereien mit den Mönchen gehen munter weiter. Facht er die Auseinandersetzungen etwa nicht an, wenn er nachweist, daß der berühmte Text Hilduins über den Gründer der Abtei nur leeres Geschwätz ist und daß der erste Bischof von Paris nichts mit dem vom heiligen Paulus bekehrten Areopagiten zu tun hat? Im darauffolgenden Jahr flieht er und findet schließlich Zuflucht beim Bischof von Troyes. Er erhält von ihm ein Grundstück bei Nogent-sur-Seine, läßt sich dort als Einsiedler nieder und errichtet der Dreifaltigkeit eine kleine Betkapelle. Er hat nichts vergessen; das verbrannte Buch war der Dreifaltigkeit gewidmet.

Schon bald entdecken seine Schüler seinen Zufluchtsort, und der Ansturm auf die Einsiedelei bricht los. Ein Schuldorf aus Zelten und Hütten entsteht. Die Betkapelle wird vergrößert, aus Stein neu errichtet und dem Paraklet gewidmet; eine provozierende Neuerung. Es gibt nichts als Abaelards Vorlesungen, was den improvisierten Landbewohnern die städtischen Genüsse ersetzen könnte. Voller Sehnsucht erinnern sie sich daran, daß »die Studenten in den Städten über alle notwendigen Annehmlichkeiten verfügen«.

Abaelard kann die Ruhe nicht lange genießen. Zwei »neue Apostel«, so sagt er, organisieren ein Komplott gegen ihn. Es handelt sich um den heiligen Norbert, den Gründer des Prämonstratenserordens, und den heiligen Bernhard, den Reformator von Cîteaux. Die Verfolgung nimmt derartige Ausmaße an, daß er die Flucht nach Osten in Erwägung zieht. »Gott weiß, wie oft ich in tiefer Verzweiflung erwogen habe, das Reich der Christenheit zu verlassen und zu den Heiden hinüberzuziehen (zu den Sarazenen zu gehen, gibt die spätere Übersetzung des Jean de Meung an), um dort in Frieden und gegen einen Tribut als Christ unter den Feinden Christi zu leben. Ich nahm an, sie würden mich um so herzlicher empfangen, als sie mich aufgrund der gegen mich erhobenen Vorwürfe nicht wirklich für einen Christen halten könnten.«

Diese extreme Lösung – die erste Versuchung des an seiner Welt verzweifelnden abendländischen Intellektuellen – bleibt ihm erspart.

Er wird zum Abt eines bretonischen Klosters ernannt. Neue Zwistigkeiten; er kommt sich vor wie unter Barbaren. Man spricht nur Niederbretonisch. Die Mönche sind unvorstellbar grob. Er will sie zurechtschleifen. Sie versuchen ihn zu vergiften. 1132 ergreift er die Flucht.

1136 finden wir ihn auf dem Genovevaberg wieder. Er hat seine Vorlesungen wieder aufgenommen; der Zulauf ist größer denn je. Arnold von Brescia, der als Aufrührer städtischer Unruhen aus Italien verbannt worden ist, flüchtet nach Paris, befreundet sich mit Abaelard und führt ihm seine armen, von Bettelei lebenden Schüler zu. Seit dem Verbot seiner Schrift in Soissons hat Abaelard unaufhörlich weitergeschrieben. Doch erst 1140 greifen seine Gegner erneut seine Werke an. Seine Freundschaft mit dem geächteten Römer muß ihrer Feindschaft die Krone aufgesetzt haben. Es versteht sich, daß das Bündnis zwischen städtischer Dialektik und demokratischer Gemeindebewegung seinen Gegnern bedeutungsvoll schien.

Der heilige Bernhard und Abaelard

An der Spitze dieser Gegner steht der heilige Bernhard. Wie es Pater Chenu so treffend ausdrückt: »Der Abt von Cîteaux steht an einer anderen Grenze des Christentums.« Dieser Landbewohner, der Feudalherr und in erster Linie Soldat geblieben ist, hat keinerlei Verständnis für die städtische *Intelligenzija*. Gegen den Ketzer oder den Heiden sieht er nur ein Mittel: Gewalt. Als Vorkämpfer des bewaffneten Kreuzzugs glaubt er nicht an den intellektuellen Kreuzzug. Als Petrus Venerabilis ihn auffordert, die Koranübersetzung zu lesen, um Mohammed mit der Feder entgegenzutreten, gibt er keine Antwort. In der Einsamkeit des Klosters schöpft er aus der mystischen Meditation – die er zu höchster Vollkommenheit bringt – die Kraft, als Verfechter der Gerechtigkeit in die Welt zurückzukehren. Dieser Apostel des abgeschiedenen Lebens ist ständig unterwegs im Kampf gegen ihm gefährlich erscheinende Neuerungen. In seinen letzten Lebensjahren herrscht er faktisch über die Christenheit, diktiert dem Papst seine Befehle, spendet Beifall bei der Einsetzung militärischer Orden, träumt davon, das Abendland zu einer Ritterschaft, zu Christi Miliz zu machen: ein Großinquisitor vor der Zeit.

Zwangsläufig gerät er mit Abaelard aneinander. Die rechte Hand des heiligen Bernhard, Wilhelm von Saint-Thierry, führt den Angriff. In einem Brief an den heiligen Bernhard wendet er sich gegen den »neuen Theologen«, regt seinen berühmten Freund an, ihn zu verfolgen. Bernhard begibt sich nach Paris, versucht, mit bekanntlich recht wenig Erfolg, die Studenten abzuwerben, und überzeugt sich von der Ernsthaftigkeit des von Abaelard verbreiteten Übels. Eine Zusammenkunft der beiden Männer bleibt ohne Resultat. Ein Schüler Abaelards schlägt ein Streitgespräch vor einer Versammlung von Theologen und Bischöfen in Sens vor. Abaelard macht sich anheischig, sein Publikum einmal mehr mitzureißen. Doch unter der Hand verändert der heilige Bernhard völlig den Charakter der Versammlung. Er macht aus ihr ein Konzil und aus seinem Gegenspieler einen Angeklagten. In der Nacht vor Beginn der Debatte ruft er die Bischöfe zusammen und übermittelt ihnen eine komplette Akte, die Abaelard als gefährlichen Ketzer darstellt. Am nächsten Tag kann dieser nur noch die Kompetenz der Versammlung in Abrede stellen und den Papst anrufen. Die Bischöfe schicken ein sehr abgemildertes Urteil nach Rom. Der davon unterrichtete heilige Bernhard handelt schneller als alle anderen. Sein Sekretär bringt ihm ergebenen Kardinälen Briefe, die dem Papst eine Verurteilung Abaelards abringen; dessen Bücher werden im Petersdom verbrannt. Abaelard erfährt die Nachricht unterwegs und sucht in Cluny Zuflucht. Diesmal ist er geschlagen. Petrus Venerabilis empfängt ihn mit unendlicher Barmherzigkeit, versöhnt ihn mit dem heiligen Bernhard, erreicht von Rom die Aufhebung seiner Exkommunikation und schickt ihn in das Kloster des heiligen Marcel in Chalon-sur-Saône, wo er am 21. April 1142 stirbt. Der große Abt von Cluny hatte ihm eine schriftliche Absolution gesandt und diese, in einer letzten Geste von ausgesuchtem Feingefühl, an Heloise, die Äbtissin des Paraklet, übergeben lassen.

Ein typischer Lebenslauf und gleichzeitig ein außergewöhnliches Schicksal. Wir können hier aus dem umfangreichen Werk Abaelards nur einige markante Züge hervorheben.

Der Logiker

Abaelard war in erster Linie Logiker, und wie alle großen Philosophen entwickelte er zunächst eine Methode. Er war der große Vorreiter der Dialektik. Mit seinem ›Logikhandbuch für Anfänger‹ (›Logica ingredientibus‹) und vor allem mit dem ›Sic et non‹ von 1122 hat er dem abendländischen Denken seinen ersten *Discours de la méthode* geschenkt. Er belegt darin mit bestechender Einfachheit die Notwendigkeit, auf das logische Schließen zurückzugreifen. Die Kirchenväter sind sich in keiner Frage einig gewesen; wo der eine weiß sagt, sagt der andere schwarz – *sic et non*.

Daher die Notwendigkeit einer genauen Kenntnis der Sprache. Die Begriffe wurden gebildet, um etwas zu bedeuten – *Nominalismus* –, doch sie sind in der Wirklichkeit begründet. Sie entsprechen den Dingen, die sie bedeuten. Die Logik muß alle ihre Anstrengungen darauf richten, daß die Sprache der Realität, die sie ausdrückt, entspricht. Für Abaelards anspruchsvollen Geist ist die Sprache nicht der Schleier des Wirklichen, sondern sein Ausdruck. Dieser Professor glaubt an den ontologischen Wert seines Instruments: des Wortes.

Der Moralist

Abaelard war auch Moralist. In der ›Ethik oder Erkenne Dich selbst‹ (›Ethica seu Scito te ipsum‹) mißt dieser Christ, der sich von der Philosophie des Altertums genährt hat, der Introspektion genau so große Bedeutung zu wie die mönchischen Mystiker, wie der heilige Bernhard oder Wilhelm von Saint-Thierry. Doch, wie de Gandillac schreibt: »Für die Zisterzienser ist der ›christliche Sokratismus‹ vor allem eine Besinnung auf die Ohnmacht des sündigen Menschen, während die Selbsterkenntnis in der ›Ethik‹ als Analyse der freien Entscheidung erscheint, mit der wir jene Mißachtung Gottes, die Sünde, annehmen oder ablehnen können.«

Wenn der heilige Bernhard ausruft: »Wir werden in der Sünde gezeugt, sind Sünder und zeugen Sünder; wir werden als Schuldner geboren und zeugen Schuldner; wir werden als Verdorbene geboren und zeugen Verdorbene; wir werden als Sklaven geboren und zeugen Sklaven. Wir treten als Verwundete in diese Welt ein, leben und verlassen sie als solche; von Kopf bis Fuß ist nichts Gesundes an uns«, entgegnet Abaelard darauf, die Sünde sei nur eine Verfehlung: »Sündigen heißt, unseren Schöpfer mißachten, das heißt jene Taten vollbringen, von denen wir glauben, daß wir um seinetwillen darauf verzichten müssen. Wenn wir so die Sünde rein negativ bestimmen, als Nichtverzicht auf tadelnswerte Taten oder, im Gegenteil, Unterlassung von löblichen Taten, wird deutlich, daß die Sünde nicht das Wesentliche ist, besteht sie doch eher in einer Abwesenheit als in einem Vorhandensein, genau wie die Finsternis, die man als Abwesenheit von Licht, dort wo Licht sein sollte, bestimmen könnte.« Er fordert also für den Menschen die Möglichkeit zuzustimmen, jene Einwilligung in die Rechtschaffenheit oder deren Ablehnung, die das Zentrum des moralischen Lebens bildet.

So hat Abaelard stark dazu beigetragen, die Voraussetzungen für ein ganz wesentliches christliches Sakrament, die Buße, ins Wanken zu bringen. Angesichts eines zutiefst schlechten Menschen hatte die Kirche in barbarischer Zeit, in Anlehnung an barbarisches Recht Sündenlisten und Straftarife aufgestellt. Diese »Bußregister« zeugen davon, daß für den hochmittelalterlichen Menschen das Wesentliche an der Buße die Sünde, und von daher die Strafe war. Abaelard hat die Tendenz zur Umkehrung dieser Haltung ausgedrückt und verstärkt. Von nun an ist der Sünder das Wesentliche, beziehungsweise seine Absicht, und die Reue wird zum Hauptbestandteil der Buße. Abaelard schreibt: »Die Reue des Herzens vertreibt dann die Sünde, das heißt die Mißachtung Gottes oder auch die Zustimmung zum Bösen. Denn die göttliche Barmherzigkeit, die Quelle des reuevollen Seufzens, ist unvereinbar mit der Sünde.« Die Ende des Jahrhunderts in Erscheinung tretenden Beichtväter haben allesamt diese Umkehrung in die Psychologie – wenn nicht in die Theologie – der Buße eingebaut. So wurde in den Städten und Schulen die psychologische Analyse vertieft, wurden die Sakramente im wahrsten Sinne des Wortes humanisiert. Welche Bereicherung für den abendländischen Geist!

Der Humanist

Betrachten wir nun einen Zug des Theologen Abaelard. Niemand hat sich stärker als er dafür eingesetzt, Glauben und Vernunft in Einklang zu bringen. Auf diesem Gebiet hat er – ein Vorbote des heiligen Thomas, des großen Initiators der neuen Theologie – sogar den heiligen Anselm überflügelt, der im vorherigen Jahrhundert vom »Glauben auf der Suche nach Vernunft« (*fides quaerens intellectum*) gesprochen hatte.

Abaelard kommt damit den schulischen Kreisen entgegen, die von der Theologie »menschliche und philosophische Begründungen verlangten und mehr verstehen als verkünden wollten. Was nützen, so sagten sie, unverständliche Worte? Man kann nicht glauben, was man nicht versteht, und es ist lächerlich, andere etwas zu lehren, das weder man selbst noch der Zuhörer mit dem Verstand erfassen können.«

Während der letzten Monate seines Lebens in Cluny arbeitete der Humanist Abaelard in einer tiefen inneren Ruhe an seinem ›Dialog zwischen einem (heidnischen) Philosophen, einem Juden und einem Christen‹. Er wollte darin nachweisen, daß weder die Erbsünde noch die Menschwerdung Christi einen wirklichen Einschnitt in der Geschichte der Menschheit bedeutet haben. Er versuchte, alles Gemeinsame der drei Religionen herauszustellen, die für ihn die Summe des menschlichen Denkens darstellten. Er wollte Naturgesetze wiederentdecken, die es über die Religionen hinaus ermöglichen, in jedem Menschen Gottes Sohn zu sehen. Sein Humanismus mündete in Toleranz, und im Gegensatz zu all jenen, die nur das Trennende betonen, suchte er das Verbindende in den Menschen und behielt im Sinn, daß es »viele Wohnungen im Hause des Vaters« gibt. Abaelard war der hervorragendste Vertreter des geistigen Milieus in Paris; will man andere Züge des künftigen Intellektuellen feststellen, so muß man nach Chartres gehen.

Der Geist von Chartres

Chartres ist das große wissenschaftliche Zentrum des Jahrhunderts. Wie wir in der Lehre des Bernhard von Chartres gesehen haben, wurden dort die Künste des Trivium – Grammatik, Rhetorik, Dialektik – nicht geringgeschätzt. Doch diesem Studium der *voces*, der Worte, zog Chartres das Studium der Dinge, der *res*, das Quadrivium vor: Arithmetik, Geometrie, Musik, Astronomie.

Diese Orientierung charakterisiert den Geist von Chartres. Wissenschaftliche Neugier, Beobachtungsgabe und Forschungsdrang bestimmen ihn, und er wird, aus der griechisch-arabischen Wissenschaft schöpfend, große Bedeutung erlangen. Der Wissensdurst verbreitet sich derart, daß der bekannteste Schriftsteller des Jahrhunderts, Honorius von Autun (Augustodunensis), treffend formuliert: »Das Exil des Menschen ist die Unwissenheit; seine Heimat ist die Wissenschaft.«

Diese Neugier empört die traditionsverhafteten Geister. Absalon von Sankt Viktor findet das Interesse »an der Form des Globus«, dem »Wesen der Elemente, dem Standort der Sterne, dem Wesen der Tiere, der Kraft des Windes, dem Leben der Pflanzen und Wurzeln« skandalös. Wilhelm von Saint-Thierry schreibt an den heiligen Bernhard, um diejenigen Leute anzuprangern, die die Schaffung des ersten Menschen »nicht von Gott, sondern von der Natur, den Geistern und Sternen herleiten«. Wilhelm von Conches hält dem entgegen: »Sie wissen nichts von den Naturkräften und wollen uns an ihre Unwissenheit fesseln; sie verweigern uns das Recht zur Forschung und verurteilen uns dazu, wie Tölpel ohne Verstand in einem Glauben zu verharren.«

Einige große Persönlichkeiten der Vergangenheit werden hochgelobt und popularisiert; man christianisiert sie und macht aus ihnen Symbolfiguren des Wissens, die »großen mythischen Ahnen des Gelehrten«.

Salomo ist der Meister der gesamten orientalischen und hebräischen Wissenschaft, nicht nur der »Weise« des Alten Testamentes, sondern der große Vertreter der hermetischen Wissenschaft, unter dessen Schirmherrschaft die Enzyklopädie des magischen Wissens steht, der Meister der Geheimnisse, der Bewahrer der Rätsel der Wissenschaft.

Alexander ist das Urbild des Forschers. Sein Meister Aristoteles hat ihm die Liebe zur Forschung, die Begeisterung der Neugier, der Mutter der Wissenschaft, vermittelt. Der alte apokryphe Brief, in dem er seinem Meister die Wunder Indiens erzählt, findet Verbreitung. Die Legende des Plinius wird wieder aufgegriffen, derzufolge Alexander den Philosophen zu einem wissenschaftlichen Forschungsleiter ernannt und ihm tausend, in alle Erdteile entsandte Forschungsreisende zur Verfügung gestellt habe. Der Wissensdurst sei der Motor für seine Reisen und Eroberungen gewesen. Es habe ihm nicht genügt, die Erde zu durchmessen, er habe auch die anderen Elemente ausforschen wollen. Er sei auf einem fliegenden Teppich durch die Lüfte geeilt. Vor allem habe er ein Glasfaß fertigen lassen und sei in diesem Vorläufer der Taucherglocke in die Meere hinabgestiegen, um die Lebensgewohnheiten der Fische und die Unterwasserpflanzen zu studieren. »Unglücklicherweise«, so schreibt Alexander Neckam, »hat er uns seine Beobachtungen nicht hinterlassen.«

Vergil schließlich, jener Vergil, der in der vierten Ekloge das Kommen Christi angekündigt und auf dessen Grab der heilige Paulus gebetet haben soll, habe in der ›Aeneis‹ die Gesamtheit des antiken Wissens zusammengefaßt. Bernhard von Chartres kommentiert die ersten sechs Bücher des Gedichts, genau wie die Genesis, als wissenschaftliches Werk. So entsteht die Legende, die zu der wunderbaren Figur aus Dantes Feder führen wird, zu dem, der in der Erforschung der unterirdischen Welt vom Autor der ›Göttlichen Komödie‹ *»tu duca, tu signore e tu maestro«* genannt wird.

Dieser Forschungsgeist prallte jedoch auf eine andere Tendenz der Schule von Chartres: den rationalen Geist. An der Schwelle zur Neuzeit scheinen die beiden grundlegenden Haltungen des wissenschaftlichen Geistes oft antagonistisch. Für die Gelehrten des 12. Jahrhunderts stößt die Erfahrung nur bis zu Phänomenen, Erscheinungen vor. Die Wissenschaft muß sich hiervon abwenden und in der Schlußfolgerung die Wirklichkeit erfassen. Wir werden auf diese Trennung zurückkommen, die so schwer auf der mittelalterlichen Wissenschaft lastete.

Der Naturalismus von Chartres

Die Grundlage dieses Rationalismus der Schule von Chartres ist der Glaube an die Allmacht der Natur. Für die Chartrianer ist die Natur zunächst eine befruchtende, ständig schöpferische, unerschöpfliche Kraft, die *mater generationis.* Darauf fußt der naturalistische Optimismus des 12. Jahrhunderts, eines Jahrhunderts des Aufschwungs und der Expansion.

Doch die Natur ist auch der Kosmos, ein organisiertes und rationales Gefüge. Sie ist das Netz der Gesetze, deren Existenz eine rationale Wissenschaft des Universums möglich und notwendig macht. Hier haben wir eine weitere Quelle des Optimismus: die rationale Erfaßbarkeit der Welt, die nicht sinnlos, sondern rätselhaft, nicht Unordnung, sondern Harmonie ist. Das Bedürfnis der Chartrianer nach Ordnung im Universum ließ einige von ihnen sogar die Existenz des Urchaos leugnen. So etwa Wilhelm von Conches und Arnaud de Bonneval, der die Genesis folgendermaßen kommentiert: »Als Gott Orte und Namen unterschied, gab er den Dingen ihre rechten Maße und wies ihnen ihre Funktionen zu, wie den Gliedern eines riesigen Körpers. Selbst zu diesem frühen Zeitpunkt (der Schöpfung) gab es bei Gott nichts Ungeordnetes, nichts Formloses, denn seit ihrer Erschaffung war die Materie aller Dinge zu kongruenten Arten geformt worden.«

In diesem Geist kommentieren die Chartrianer die Genesis, die nunmehr nach den Naturgesetzen erklärt wird. *Physikalismus* gegen *Symbolismus.* So arbeitet Thierry von Chartres, der einen biblischen Text »nach den Gesetzen der Physik buchstabengetreu« *(secundum physicam et ad litteram)* zu analysieren beabsichtigt. So geht auch Abaelard in seiner ›Expositio in Hexameron‹ vor.

Für diese Christen bringen ihre Überzeugungen einige Probleme mit sich. Es geht um die Frage der Beziehung zwischen Natur und Gott. Für die Chartrianer hat Gott die Natur zwar geschaffen, doch auch er beachtet die Gesetze, die er ihr auferlegt hat. Seine Allmacht steht nicht im Gegensatz zum Determinismus. Das Wunder wirkt innerhalb der natürlichen Ordnung. Wilhelm von Conches schreibt: »Es geht nicht darum, ob Gott etwas geschaffen hat, sondern darum, dies zu untersuchen, es rational zu erklären, sein Ziel und seine Zweckmäßigkeit aufzuzeigen. Zweifellos kann Gott alles, doch es geht darum, ob er dieses oder jenes getan hat. Zweifellos kann Gott aus einem Baumstamm ein Kalb machen, wie die Bauerntölpel sagen, doch hat er das jemals getan?«

So setzen sich die Desakralisierung der Natur und die Kritik des Symbolismus fort, beides notwendige Voraussetzungen jeglicher Wissenschaft, die das Christentum, wie Pierre Duhem gezeigt hat, schon seit seiner Verbreitung dadurch ermöglicht hatte, daß es die Natur, die Gestirne und die Naturerscheinungen nicht mehr, wie die Wissenschaft der Antike, als Götter, sondern als Schöpfungen eines Gottes ansah. Der nächste Schritt ist jetzt die Hervorhebung der Vernünftigkeit dieser Schöpfung. So wurde, wie gesagt, »gegen die Anhänger einer symbolischen Interpretation des Universums die Existenz einer Reihe selbständiger Zweitursachen geltend gemacht, die dem Wirken der Vorsehung unterstanden«. Gewiß, das 12. Jahrhundert ist noch voller Symbole, aber seine Intellektuellen lassen die Waage sich bereits auf die Seite der rationalen Wissenschaft neigen.

Der Humanismus von Chartres

Doch der Geist von Chartres ist vor allem ein humanistischer. Nicht nur in dem (nebensächlichen) Sinn, daß er sich für die Aufstellung seiner Doktrin auf die Kultur der Antike beruft, sondern vor allem, weil er den Menschen zum Kernpunkt seiner Wissenschaft, seiner Philosophie und fast auch seiner Theologie macht.

Für ihn ist der Mensch Gegenstand und Mittelpunkt der Schöpfung. In diesem Sinne ist, wie Pater Chenu so wunderbar dargelegt hat, die Kontroverse *Cur Deus homo* zu verstehen. Die traditionelle, vom heiligen Gregor übernommene These besagt, daß der Mensch ein Unfall der Schöpfung, ein Ersatz, ein Lückenbüßer ist, den Gott nur geschaffen hat, um die nach ihrem Aufstand gefallenen Engel zu ersetzen. Dem setzt Chartres, ausgehend von den Gedanken des heiligen Anselm, die Vorstellung entgegen, daß der Mensch schon immer im Plan des Schöpfers vorgesehen war und daß die Welt sogar für ihn erschaffen wurde.

In einer bekannten Schrift hat Honorius von Autun die These der Chartrianer popularisiert. Zuerst erklärt er: »Es gibt keine andere Autorität, als die durch die Vernunft bewiesene Wahrheit; was die Autorität uns zu glauben lehrt, bestätigt uns die Vernunft durch ihre Beweise. Was die offensichtliche Autorität der Heiligen Schrift verkündet, beweist die logisch ableitende Vernunft: Selbst wenn alle Engel im Himmel verblieben wären, wäre der Mensch, mit seiner ganzen Nachkommenschaft, doch geschaffen worden. Denn diese Welt wurde für den Menschen geschaffen, und unter Welt verstehe ich den Himmel und die Erde und alles im Universum Enthaltene; es wäre unsinnig zu glauben, daß, falls alle Engel weiterexistiert hätten, jenes Wesen nicht geschaffen worden wäre, für das, wie wir lesen, das Universum geschaffen wurde.«

Wichtig ist in diesem Zusammenhang, daß die Theologen des Mittelalters, wenn sie über die Engel – und selbst über ihr Geschlecht – diskutierten, fast immer an den Menschen dachten und daß nichts wichtiger für die Zukunft der Geisteswelt gewesen ist als diese scheinbar müßigen Debatten.

Die Chartrianer sehen den Menschen vor allem als vernunftbegabtes Wesen. In ihm verwirklicht sich jene Einheit zwischen Vernunft und Glauben, die eine der grundlegenden Lehren der Intellektuellen des 12. Jahrhunderts darstellt. In diesem Zusammenhang steht meines Erachtens auch ihr starkes Interesse für die Tiere – als Kontrast zu den Menschen. Die Antithese Bestie – Mensch ist eine der großen Metaphern dieses Jahrhunderts. Im romanischen Bestiarium, dieser grotesken, aus dem Orient stammenden Welt, die die traditionelle Bilddarstellung wegen ihres Symbolismus übernimmt, sehen die schulischen Kreise einen verkehrten Humanismus – und sie werden sich davon abwenden und den gotischen Bildhauern ein neues Modell eingeben: den Menschen.

Der Beitrag der Griechen und Araber zu diesem humanistischen Rationalismus wird verständlich. Das beste Beispiel ist der Übersetzer und Philosoph Adelard von Bath, einer der großen Spanienreisenden.

Einem Traditionalisten, der ihm eine Diskussion gerade

über die Tiere vorschlägt, antwortet er: »Es fällt mir schwer, über die Tiere zu diskutieren. Ich habe nämlich von meinen arabischen Meistern gelernt, die Vernunft zur Richtschnur zu nehmen, Du aber begnügst Dich damit, als Gefangener der Kette einer fabulierenden Autorität zu folgen. Wie soll man die Autorität anders als Kette bezeichnen? Wie die dummen Tiere an der Kette geführt werden und nicht wissen, wohin oder warum man sie leitet, sondern sich damit begnügen, dem Strick, der sie hält, zu folgen, so sind auch die meisten von Euch Gefangene einer tierischen Leichtgläubigkeit und lassen sich von der Autorität des Geschriebenen an einer Kette aus gefährlichen Glaubenselementen herumführen.«

Und weiter: »Mit den Begriffen der Dialektik vertrat Aristoteles, wenn er sich einen Spaß machen wollte, dank seiner sophistischen Begabung gegenüber seinen Hörern das Falsche, während sie gegen ihn die Wahrheit verteidigten. Alle Künste können, wenn sie sich der Dialektik bedienen, festen Schrittes einhergehen, aber ohne sie geraten sie ins Schwanken und verlieren die Standfestigkeit. Auch die Modernen wenden sich für die Leitung guter Diskussionen besonders an jene, die die Kunst der Dialektik am besten beherrschen...«

Adelard von Bath geht sogar noch weiter. Er ist sich nicht sicher, ob die Intellektuellen des 12. Jahrhunderts nicht sogar aus sich selbst, aus den Schätzen ihres eigenen Verstandes die wesentlichen Elemente dessen geschöpft haben, was sie oft mit den Namen der Alten und der Araber versahen – als Tarnung nämlich, damit diejenigen gelehrten Geister, die gewohnt waren, sich nach Autoritäten zu richten – selbst wenn diese noch gar nicht an die Öffentlichkeit getreten waren –, ihre Verwegenheiten eher durchgehen ließen. Er bekennt: »Unsere Generation hat einen tief verankerten Fehler: Sie nimmt nichts an, was aus der Neuzeit stammen könnte. Wenn ich also einen eigenen Gedanken habe und ihn veröffentlichen will, so schreibe ich ihn jemand anderem zu und erkläre: ›Jener hat es gesagt, nicht ich.‹ Damit man mir völlig glaubt, sage ich zu allen meine Meinungen: ›Jener hat sie erfunden, nicht ich.‹ Um zu vermeiden, daß man annimmt, ich, der Unwissende, habe meine Vorstellungen aus meinem eigenen Fundus geschöpft, tue ich so, als schöpfe ich sie aus meinen arabischen Studien. Ich möchte nicht, daß, falls das von mir Gesagte den rückständigen Geistern mißfällt, schließlich ich selbst es bin, der ihnen mißfällt. Ich kenne das Los der wahren Gelehrten beim gemeinen Volk. Deshalb setze ich mich nicht für meine Sache ein, sondern für die der Araber.«

Das Neueste daran ist, daß dieser vernunftbegabte Mensch, der eine vom Schöpfer selbst rational geordnete Natur studieren und verstehen kann, seinerseits von den Chartrianern als *Natur* angesehen wird und sich so reibungslos in die Ordnung der Welt einfügt.

Der Mikrokosmos Mensch

So wird das alte Bild vom *Mikrokosmos Mensch* wiederbelebt und gewinnt eine tiefe Bedeutung. Von Bernhard Silvestris bis Alanus ab Insulis entwickelt sich die These von der Analogie zwischen Welt und Mensch, zwischen dem Makrokosmos und jenem Miniaturuniversum, das der Mensch darstellt. Von den Analysen – über die wir heute lächeln – einmal abgesehen, bei denen man im Menschen die vier Elemente wiederfindet und die Analogien bis zur Absurdität getrieben werden, ist diese Auffassung revolutionär. Sie zwingt dazu, den ganzen Menschen zu betrachten und vor allem seinen Körper. Die große wissenschaftliche Enzyklopädie des Adelard von Bath behandelt ausführlich die menschliche Anatomie und Physiologie. Dies geht Hand in Hand mit den Fortschritten der Medizin, der Hygiene und unterstützt sie. Dieser Mensch, dem sein Körper wiedergegeben wurde, stürzt sich nun ganz in die Entdeckung der menschlichen Liebe, eines der großen Ereignisse des 12. Jahrhunderts, das Abaelard tragisch erlebt und dem Denis de Rougemont ein berühmtes und umstrittenes Buch gewidmet hat.[1]

Ins Zentrum eines Universums gestellt, das er reproduziert, mit dem er in Harmonie lebt und dessen Fäden er in der Hand zu halten vermag, befindet sich dieser Mikrokosmos Mensch auch im Einklang mit der Welt. Unendliche Perspektiven tun sich vor ihm auf; sie werden von Honorius von Autun und vielleicht mehr noch von jener außergewöhnlichen Frau, der Äbtissin Hildegard von Bingen popularisiert, die in eigenartigen Werken, wie ›Scivias‹ (›Wisse die Wege‹ – des Herrn) und dem ›Liber divinorum operum‹, die neuen Theorien mit traditionellem klösterlichem Mystizismus vermengt. Die darin enthaltenen, sofort überall bekannten Miniaturen bewirken, daß diese Werke von jedermann verstanden werden. Denken wir nur an jene Miniatur, die den Mikrokosmos Mensch nackt, mit großer Liebe zur körperlichen Gestalt darstellt; hier wird deutlich, daß der Humanismus der Intellektuellen des 12. Jahrhunderts nicht erst der darauffolgenden Renaissance bedurfte, um jene Dimension zu erlangen, in der das ästhetische Feingefühl für Formen sich mit der Vorliebe für richtige Proportionen verbindet.

Letztlich besagt dieser Humanismus, daß der Mensch, der Natur ist, der die Natur mit dem Verstand erfassen kann, sie auch durch sein Handeln zu verändern vermag.

Die Fabrik und der Homo faber

Rings umgeben von den Baustellen der entstehenden Städte sieht der Intellektuelle des 12. Jahrhunderts, gleichsam als Abbild seiner Umwelt, auch das Universum als eine riesige Fabrik, die von dumpfdröhnendem Arbeitslärm erfüllt ist. In einem dynamischeren Umfeld und mit weitaus größerer Tragweite wird die stoische Metapher

[1] ›L'Amour et l'occident‹ (1939), dt.: ›Die Liebe und das Abendland‹ (1966).

von der Welt als Fabrik wieder aufgegriffen. Gerhoh von Reichersberg spricht in seinem ›Liber de aedificio Dei‹ von »dieser großen, die ganze Welt umfassenden Fabrik, dieser Art Werkstatt des Universums...« *(illa magna totius mundi fabrica et quaedam universalis officina).*

Auf diesem Bau behauptet sich der Mensch als umwandelnder und schaffender Handwerker. Wiederentdeckung des Homo faber, des Mitschöpfers neben Gott und der Natur. Wilhelm von Conches sagt: »Jedes Werk ist ein Werk des Schöpfers, ein Werk der Natur oder des Homo faber (des Menschen als schaffendem Wesen), der der Natur nacheifert.«

So verändert sich die Vorstellung von der menschlichen Gesellschaft. Aus dieser dynamischen Perspektive, die den wirtschaftlichen und sozialen Strukturen des Jahrhunderts ihren Sinn gibt, muß sie alle menschlichen Arbeiter einbeziehen. Durch diese Rehabilitierung der Arbeit werden die Verachteten von gestern in den menschlichen Staat, der ein Abbild des göttlichen Staates ist, einbezogen. In seinem ›Policraticus‹ rechnet Johann von Salisbury zur Gesellschaft wieder die Landarbeiter: »diejenigen, die auf den Feldern und Wiesen und in den Gärten arbeiten«, und dann die Handwerker: »die Wollarbeiter und all die anderen Handwerker, die Holz, Eisen, Bronze und andere Metalle bearbeiten.« Diese Sicht sprengt den alten schulischen Rahmen der sieben Freien Künste. Die neue Lehre muß nicht nur den neuen Disziplinen Platz schaffen: der Dialektik, der Physik, der Ethik, sondern auch den wissenschaftlichen und handwerklichen Techniken, die ein wesentlicher Bestandteil der Tätigkeit des Menschen sind. Im Studienprogramm seines ›Didascalicon‹ bestätigt Hugo von Sankt Viktor diese neue Konzeption. Honorius von Autun entwickelt sie in seinem bekannten Leitsatz: »Das Exil des Menschen ist die Unwissenheit; seine Heimat ist die Wissenschaft.« Und er fügt hinzu: »Man erreicht sie über die Freien Künste, die jeweils ein Etappenziel darstellen.« Das erste ist die Grammatik, das zweite die Rhetorik, das dritte die Dialektik, das vierte die Arithmetik, das fünfte die Musik, das sechste die Geometrie, das siebte die Astronomie. Bis hierhin ist alles traditionsgemäß. Doch der Weg ist nicht zu Ende. Das achte ist die Physik, »in der Hippokrates die Pilger die Kräfte und das Wesen der Kräuter, Bäume, Mineralien und Tiere lehrt«. Das neunte ist die Mechanik, »in der die Pilger Metall-, Holz-, Marmorarbeiten, Malerei, Bildhauerei und alle Kunsthandwerke erlernen. Hier errichtete Nimrod seinen Turm und erbaute Salomo den Tempel. Hier fertigte Noah die Arche, lehrte die Kunst der Befestigung und die Arbeit mit verschiedenen Textilien.« Das elfte ist der Bereich der Wirtschaft. »Hier ist das Tor zur Heimat des Menschen. Hier werden Stände und Würden geordnet, Funktionen und Ordnungen unterschieden. Hier lernen die zu ihrer Heimat eilenden Menschen, sich je nach Verdienst in die Hierarchie der Engel einzugliedern.« So endet die Odyssee des intellektuellen Humanismus des 12. Jahrhunderts mit der Politik.

Persönlichkeiten

Unter den Intellektuellen muß man, selbst in Chartres, verschiedene Persönlichkeiten und Temperamente unterscheiden. Bernhard war vor allem ein Professor, der sich bemühte, seinen Schülern durch eine solide *grammatikalische* Ausbildung eine grundlegende Bildung sowie die Methoden des Denkens zu vermitteln. Bernhard Silvestris und Wilhelm von Conches waren vor allem *Wissenschaftler* – in dieser Hinsicht gute Vertreter des Geistes von Chartres in seiner ursprünglichen Form. Mit ihnen wirft das Jahrhundert den *literarischen* Geist über Bord, der so viele verführte. Abaelard schreibt an Heloise: »Da es mir mehr um die Lehre als um Redegewandtheit zu tun ist, bemühe ich mich um Klarheit der Darstellung, nicht um kunstvolle Gestaltung der Rede, um den wörtlichen Sinn, nicht um rhetorische Verzierung.« Ein Prinzip, dem auch die Übersetzer Folge leisteten, die die schönen aber ungenauen Phrasen verabscheuten. »Ich habe das Material, das Sie für die Erstellung Ihres großartigen Werkes benötigten, weder wesentlich gekürzt noch verändert«, schreibt Robert von Chester an Petrus Venerabilis, »es sei denn, es diente der Verständlichkeit... und ich habe nicht versucht, ein billiges und unansehnliches Material zu vergolden.« Johann von Salisbury hingegen ist eher ein Humanist im uns geläufigen Sinne, ein Mensch von liebenswürdiger Kultiviertheit und großer Ausdrucksstärke. Er ist zwar Chartrianer, aber dennoch Literat. Er versucht, ein gutes Gleichgewicht zwischen beidem zu bewahren. »So wie die von der Vernunft nicht erleuchtete Rede vermessen und blind ist, so ist auch die sprachlich ungelenke Wissenschaft schwach und wie einarmig. Die Menschen würden zu Vieh, entzöge man ihnen die Redekunst, mit der sie begabt sind.«

Gilbert von Poitiers (Porretanus) ist ein Denker, vielleicht der tiefgründigste Metaphysiker des Jahrhunderts. Sein Unglück – auch er fiel den Traditionalisten und dem heiligen Bernhard zum Opfer – hinderte ihn nicht daran, zahllose Schüler zu begeistern (Alanus ab Insulis, Nikolaus von Amiens werden zu den Porretanern gerechnet) und in seiner Diözese Poitiers die Inbrunst des Volkes und der Kleriker zu entfachen.

Ausstrahlung

Aus Chartres waren im wesentlichen die geistigen Wegbereiter hervorgegangen. In Paris beginnen nun, nachdem die von Abaelard heraufbeschworenen Stürme sich gelegt haben, die etwas gemäßigteren Geister, in die traditionelle Kirchenlehre all das zu integrieren, was man von den Neuerern übernehmen kann, ohne Ärgernis zu erregen. Dies vor allem war das Werk des Bischofs Petrus Lombardus und des Petrus Comestor (»der Esser«), dessen Ruf als

Bücherverschlinger groß war. Die ›Vier Bücher der Lehrmeinungen‹ (Sentenzen) des ersten sowie die ›Historia scholastica‹ des zweiten – systematische Darlegungen der in der Bibel enthaltenen philosophischen Wahrheiten und historischen Fakten – sollten zu grundlegenden Lehrbüchern an den Universitäten des 13. Jahrhunderts werden. Durch sie sollte die Masse der Vorsichtigen immerhin Nutzen aus den Entdeckungen der Handvoll Mutigen ziehen.

Der geistige Arbeiter und der städtische Aufbau

Diese Art von Intellektuellen konnte sich nur im städtischen Rahmen entwickeln. Ihre Gegner und Feinde hatten das deutlich erkannt: Sie verwünschten Städte und neue Intellektuelle in einem Atemzug. Stephanus von Tournai, Ende des Jahrhunderts Abt von St. Genoveva, ist bestürzt über das Eindringen der *disputatio* in die Theologie: »Man disputiert, unter Verletzung der heiligen Konstitutionen, öffentlich über die Mysterien des Göttlichen, über die Fleischwerdung des Wortes... Die unteilbare Dreifaltigkeit wird auseinandergenommen und an jeder Straßenecke in Stücke zerlegt. Es gibt ebenso viele Lehrer wie Irrtümer, die Zahl der Hörer entspricht der der Skandale, und auf allen öffentlichen Plätzen wird Gott gelästert.« »Worthändler« *(venditores verborum)* nennt er die Pariser Lehrer auch.

Er macht sich so zum Echo des Abtes Rupert von Deutz, der, als er Anfang des Jahrhunderts hörte, daß man sich in den städtischen Schulen über ihn lustig machte, mutig sein Kloster verlassen hatte und in die Stadt, mitten unter die Feinde, gezogen war. Er erblickte dort an jeder Straßenecke Diskussionen und sah die Verbreitung des Bösen voraus. Er erinnerte daran, daß alle Städtebauer Ungläubige sind, die, statt auf der Erde, diesem Durchgangsort, nur zu zelten, sich dort niederlassen und Niederlassungen für andere bauen. Er ging die Bibel ganz durch und entnahm ihr ein grandioses antistädtisches Fresko. Nach der ersten, von Kain errichteten Stadt, nach dem von den heiligen Posaunen des Josua zerschmetterten Jericho, zählt er Henoch, Assur, Ninive und Babel auf. Gott, so sagt er, liebt die Städte und die Städter nicht. Und die heutigen, vom Lärm unnützer Streitgespräche zwischen Lehrern und Schülern erfüllten Städte sind nichts als die Wiederauferstehung von Sodom und Gomorrha.

Der städtische Intellektuelle des 12. Jahrhunderts fühlt sich als Handwerker, als den anderen Städtern vergleichbarer Fachmann. Sein Fach ist das Studium und die Lehre der Freien Künste. Doch was ist eine Kunst? Sie ist keine Wissenschaft, sondern eine Technik. *Ars* ist τεχνή, sie ist die Spezialität des Professors wie des Zimmermanns oder Schmieds. Nach Hugo von Sankt Viktor wird im darauffolgenden Jahrhundert der heilige Thomas die Konsequenzen daraus ziehen. *Kunst* ist jede auf die Fertigung materieller oder intellektueller Werkzeuge angewandte vernünftige und rechte Geistestätigkeit; sie ist eine geistige Technik des Machens. *Ars est recta ratio factibilium.* Daher ist der Intellektuelle ein Handwerker; »unter allen Wissenschaften werden (die Freien Künste) Künste genannt, denn sie setzen nicht nur Kenntnisse, sondern auch eine Leistung voraus, die unmittelbar dem Verstand entspringt, wie beispielsweise die Konstruktion (Grammatik), die Syllogismen (Dialektik), die Rede (Rhetorik), die Zahlen (Arithmetik), die Maße (Geometrie), die Melodien (Musik), die Berechnung des Laufs der Gestirne (Astronomie).«

Als der ins Elend gefallene Abaelard feststellt, daß er unfähig ist, Land zu bebauen, und sich schämt zu betteln, kehrt er zum Professorendasein zurück *(scolarum regimen).* »Ich kehrte zu dem Fach zurück, das ich beherrschte; da ich unfähig war, mit den Händen zu arbeiten, blieb mir nur übrig, mich meiner Zunge zu bedienen.«

Als Fachmann weiß der Intellektuelle, daß er seinen Beruf ausüben muß. Er erkennt die notwendige Verbindung zwischen Wissenschaft und Lehre. Er ist nicht mehr der Ansicht, die Wissenschaft müsse wie ein Schatz gehütet werden, sondern überzeugt, daß sie in Umlauf gebracht werden muß. Die Schulen sind Werkstätten, aus denen Ideen wie Waren ausgeführt werden. Beim städtischen Aufbau steht der Professor mit dem gleichen produktiven Elan neben dem Handwerker und dem Kaufmann. Abaelard erinnert Heloise daran, daß es die Philister sind, die ihre Wissenschaft für sich behalten und sich selbst, wie die anderen, daran hindern, sie zu nutzen. »Laß uns jedoch zu Isaak zurückkehren und mit ihm Brunnen voll sprudelnden Wassers ausheben, auch wenn die Philister sich dem entgegenstellen, auch wenn sie es abwehren, heben wir weiterhin unermüdlich Brunnen mit ihm aus, damit auch zu uns gesagt werde: Trinke Wasser aus *deiner* Zisterne und was quillt aus *deinem* Brunnen (Sprüche 5, 15); und graben wir derart, daß die Brunnen auf unseren öffentlichen Plätzen überquellen vor überreichlichen Wassern, so daß sich die Wissenschaft der Heiligen Schrift nicht nur auf uns beschränke, lehren wir auch andere, davon zu trinken.« Die Freigebigkeit des Intellektuellen. Er weiß, daß er als erster daraus Nutzen zieht. Hermann von Carinthia schreibt an einen Freund: »Ich habe dieses Buch nur schreiben können, weil ich in den öffentlichen Schulen den hinterhältigen Angriffen meiner Gegner standhalten mußte.«

In dieser großen »Fabrik«, dem Universum, muß der Intellektuelle an seinem Platz, mit den ihm eigenen Fähigkeiten an der entstehenden schöpferischen Arbeit teilnehmen. Als Rüstzeug hat er nicht nur seinen Geist, sondern auch seine Bücher, die sein Handwerkszeug sind. Welch ein Unterschied zur mündlichen Übermittlung des Hochmittelalters! Giraldus Cambrensis erklärt: »Heute sind Kleriker, die nicht lesen können, wie Adlige, die zum Krieg nicht taugen. Sie stehen dumm vor einem Lesebuch für Kinder oder vor einer Theatervorstellung und wissen nicht, daß dies Instrumente für Kleriker sind. Der Schmied jedoch weiß, daß die Netze Instrumente zum Fischfang sind, und der Fischer weiß, daß Amboß und Hammer Schmiedewerkzeuge sind; keiner von ihnen könnte die Kunst des anderen ausüben, doch jeder kann, trotz seiner Unwissenheit bezüglich ihrer Benutzung und Technik, die Instrumente des anderen benennen...«

Diese Handwerker des Geistes, die mit hineingezogen sind in den großen städtischen Aufschwung, werden sich nun, im Rahmen der allgemeinen kommunalen Entwicklung, deren Höhepunkt die Städtegründungen sind, organisieren. Diese »Zünfte« der Magister und ihrer Schüler, das werden, im engeren Sinne des Wortes, die *Universitäten* sein. Sie sind das Werk des 13. Jahrhunderts.

Zweiter Teil
Das 13. Jahrhundert
Die Reife und ihre Probleme

Das Profil des 13. Jahrhunderts

Das 13. Jahrhundert ist das Jahrhundert der Universitäten, denn es ist das Jahrhundert der Körperschaften. In jeder Stadt, in der es eine große Anzahl Menschen eines Berufes gibt, organisieren sich diese zur Verteidigung ihrer Interessen, zur Einführung eines Monopols zu ihren Gunsten. Dies ist die institutionelle Phase des städtischen Aufschwungs: Die errungenen politischen Freiheiten finden ihren Niederschlag in der kommunalen Entwicklung, die wirtschaftlichen Positionen im Erstarken der Zünfte. Freiheit ist hier zweideutig: Meint sie Unabhängigkeit oder Privileg? Diese Zweideutigkeit findet man auch in der universitären Körperschaft. Was als Folge und Sanktion des Fortschritts begann, erweist sich bereits als kraftlos, der Verfall bahnt sich an. Das trifft auch für die Universitäten des 13. Jahrhunderts zu, die genau dem Trend des Jahrhunderts folgen. Der demographische Aufschwung befindet sich auf dem Höhepunkt, wird aber allmählich langsamer, und die christliche Bevölkerung nimmt bald nicht mehr zu. Die große Welle der Urbarmachung, als das erforderliche Land für die Ernährung der Überzahl von Menschen erschlossen wurde, bricht sich und kommt zum Stillstand. Mit großem Elan wird für das zahlreicher gewordene christliche Volk in einem neuen Geist ein Netz neuer Kirchen gebaut, doch die Ära der großen gotischen Kathedralen ist mit dem Jahrhundert abgeschlossen. Bei den Universitäten verläuft es nicht anders: Bologna, Paris, Oxford werden nie mehr so viele Professoren und Studenten haben, und die universitäre Methode – die Scholastik – wird sich keine strahlenderen Denkmäler mehr errichten als Albertus Magnus, Alexander von Hales, Roger Bacon, den heiligen Bonaventura und den heiligen Thomas von Aquin.

Der Intellektuelle hat seinen Platz im städtischen Gemeinwesen erobert; er erweist sich jedoch angesichts der sich ihm bietenden Möglichkeiten als unfähig, Entscheidungen über die Zukunft zu treffen. In einer Reihe von Krisen, die man für Wachstumskrisen halten könnte, und die eigentlich Anzeichen der Reife sind, kann er sich für keine Erneuerung entscheiden, richtet sich in gesellschaftlichen Strukturen und intellektuellen Gewohnheiten ein, in denen er allmählich versandet. Die Ursprünge der universitären Körperschaften liegen für uns genauso im dunkeln wie die der anderen Berufsstände. Sie organisieren sich allmählich, auf Grund neuer Errungenschaften oder einfach aufs Geratewohl, bei irgendwelchen Gelegenheiten. Statuten, in denen diese Errungenschaften festgelegt werden, folgen häufig erst später. Wir wissen gar nicht immer, ob diejenigen, die wir besitzen, überhaupt die ersten sind. Das ist nicht verwunderlich. In ihren Entstehungsstädten stellen die Universitäten durch die Zahl und die Qualität ihrer Mitglieder einen Machtfaktor dar, der die anderen Kräfte beunruhigt. Sie erringen ihre Autonomie, indem sie mal die kirchlichen, mal die weltlichen Kräfte bekämpfen.

Der Kampf gegen die kirchlichen Kräfte

Zuerst bekämpfen sie die kirchlichen Kräfte. Die Universitätsangehörigen sind Kleriker. Der örtliche Bischof sieht sie als seine Untertanen an. Die Lehre obliegt der Kirche. Der Leiter der Schulen, der Bischof, hat sein Mandat in dieser Sache schon lange an einen seiner Untergebenen delegiert, der im 12. Jahrhundert allgemein *scholasticus* hieß und jetzt allmählich Kanzler genannt wird. Er ist nicht gewillt, sein Monopol aufzugeben. Dort wo dieses Monopol nicht mehr absolut ist, wo Abteien eine starke schulische Position erobert haben, sind diese wiederum Gegner der universitären Körperschaft. Schließlich ist die Bildung Sache der Kirche; der Bischof beharrt auf seiner Kontrolle über sie.

In Paris verliert der Kanzler 1213 faktisch das Privileg, die *Lizenz*, das heißt die Lehrerlaubnis, zu erteilen. Dieses Recht geht auf die Magister der Universität über. 1219 versucht der Kanzler, anläßlich des Eintritts von Mitgliedern der Bettelorden in die Universität, sich dieser Neuerung zu widersetzen. Dabei verliert er seine letzten Vorrechte. Ab 1301 ist er nicht einmal mehr offizieller Leiter der Schulen. Während des großen Streiks von 1229/31 wurde die Universität der Gerichtsbarkeit des Bischofs entzogen.

In Oxford hat der 120 Meilen entfernt lebende Bischof von Lincoln, vertreten durch seinen Kanzler, den offiziellen Vorsitz über die Universität, während der Abt des Klosters Oseney und der Prior von Sankt Frideswide nur noch Ehrenämter innehaben. Doch bald wird das Kanzleramt von der Universität vereinnahmt, der Kanzler wird von ihr gewählt, wird zu ihrem statt des Bischofs Beamten.

In Bologna ist die Lage komplizierter. Die Kirche hatte sich lange Zeit nicht für die als weltlich angesehene Lehre der Rechtswissenschaft interessiert. Erst 1219 übernimmt der Archidiakon von Bologna den Vorsitz der Universität; er scheint als Kanzler zu fungieren und wird auch manchmal als solcher betitelt. Doch in Wirklichkeit übt er seine Amtsgewalt außerhalb der Universität aus. Er begnügt sich damit, bei Promotionen den Vorsitz zu haben und Beleidigungen gegen Universitätsangehörige zu verzeihen.

Der Kampf gegen die weltlichen Kräfte

Es folgt der Kampf gegen die weltlichen Kräfte, vor allem gegen die Macht der Königshäuser. Die Herrscher versuchten, die Kontrolle über diejenigen Körperschaften zu erlangen, die ihrem Lande Reichtum und Ruhm brachten und gleichzeitig eine Ausbildungsstätte für Offiziere und Beamte waren. Denjenigen ihrer Staatsbürger, die in den

Städten ihres Reichs die Universitäten bevölkerten, wollten sie eine Autorität auferlegen, die sie ihre Untertanen, mit dem fortschreitenden Zentralismus der Monarchie im 12. Jahrhundert, mehr und mehr spüren ließen.

In Paris wird die Autonomie der Universität nach den blutigen Ereignissen von 1229, bei denen sich Studenten und königliche Polizei bekämpften, endgültig errungen. In einem Handgemenge werden mehrere Studenten von königlichen Wachtmeistern getötet. Der Großteil der Universität tritt in den Streik und zieht sich nach Orléans zurück. Zwei Jahre lang finden in Paris fast keine Seminare mehr statt. Erst 1231 erkennen Ludwig der Heilige und Bianca von Kastilien feierlich die Unabhängigkeit der Universität an und erneuern und erweitern die Privilegien, die ihr Philipp August im Jahre 1200 zugestanden hatte.

In Oxford erhält die Universität ihre ersten Freiheiten 1214 im Zusammenhang mit dem Machtverlust des exkommunizierten Johann ohne Land. 1232, 1238 und 1240 gibt es eine Reihe von Konflikten zwischen der Universität und dem König, die mit der Kapitulation Heinrichs III. enden, den die Unterstützung Simon von Montforts durch einen Teil der Universität erschreckt hat.

Doch es finden ebenfalls Kämpfe gegen die kommunale Macht statt. Die Bürger der Gemeinde sehen es nicht gern, daß die universitäre Bevölkerung sich ihrer Gerichtsbarkeit entzieht, sie sind beunruhigt über die Ruhestörungen, die Räubereien und Straftaten mancher Studenten und dulden nur unwillig, daß Magister und Studenten ihre wirtschaftliche Macht einschränken, indem sie die Mieten schätzen lassen, einen Höchstpreis für Nahrungsmittel festsetzen und darauf achten, daß bei Handelsgeschäften Gerechtigkeit waltet.

In Paris ist die königliche Polizei 1229 bei Auseinandersetzungen zwischen Studenten und Bürgern gewaltsam eingeschritten. In Oxford wird die Universität nach der 1209 auf einen Frauenmord hin erfolgten willkürlichen Aufknüpfung zweier Studenten durch aufgebrachte Bürger 1214 die ersten Schritte in Richtung Unabhängigkeit tun. In Bologna schließlich ist der Konflikt zwischen Universität und Bürgern besonders heftig, da die Gemeinde bis 1278 faktisch allein über die Stadt herrscht; die Oberherrschaft übt der ferne Kaiser aus, der, in der Person Friedrich Barbarossas, den Magistern und Studenten im Jahre 1158 Privilegien gewährt hatte. Die Gemeinde hatte den Professoren Aufenthalt auf Lebenszeit aufgezwungen, aus ihnen Beamte gemacht und in die Verleihung der Titel eingegriffen. Die Einsetzung des Archidiakons hatte diese Einmischung in die Angelegenheiten der Universität begrenzt. Zahllose Streitigkeiten, die Streiks und den Weggang von Universitätsangehörigen nach Vicenza, Arezzo, Padua und Siena zur Folge hatten, brachte die Gemeinde zum Einlenken. Der letzte Kampf fand 1321 statt. Danach hatte die Universität nicht mehr unter Übergriffen der Gemeinde zu leiden.

Wie konnten die universitären Körperschaften siegreich aus diesen Schlachten hervorgehen? Vor allem durch ihren Zusammenhalt und ihre Entschlossenheit. Indem sie jene gefährlichen Waffen, den Streik und die Sezession, zu benutzen drohten und tatsächlich einsetzten. Die zivilen und kirchlichen Kräfte zogen zu viele Vorteile aus der Anwesenheit der Universitätsangehörigen, die eine nicht zu verachtende wirtschaftliche Kundschaft, eine einzigartige Ausbildungsstätte für Berater und Beamte, eine Quelle strahlenden Ruhmes darstellten; deshalb verfehlten diese Druckmittel ihre Wirkung nicht.

Unterstützung und Einvernahme der Universitäten durch das Papsttum

Doch mehr noch: Die Universitäten hatten einen allmächtigen Verbündeten gefunden: den Papst.

In Paris gewährt Cölestin III. der Körperschaft 1194 die ersten Privilegien, und vor allem Innozenz III. und Gregor IX. sichern ihre Autonomie. 1215 gibt der päpstliche Abgesandte, Kardinal Robert von Courson, der Universität ihre ersten offiziellen Statuten. 1231 gewährt Gregor IX., der den Bischof von Paris ob seiner Fahrlässigkeit getadelt und den französischen König sowie dessen Mutter zum Nachgeben gezwungen hat, der Universität durch die bekannte, als *Magna Charta* der Universität bezeichnete Bulle ›Parens scientiarium‹ neue Statuten. Bereits 1229 hatte der Pontifex an den Bischof geschrieben: »Ein gelehrter Theologe gleicht dem Morgenstern, der den Nebel leuchtend durchdringt; er muß seine Heimat durch den Glanz der Heiligen erleuchten und die Zwistigkeiten befrieden; doch Du hast nicht nur diese Pflicht vernachlässigt; wie mir vertrauenswürdige Männer berichten, ist durch Deine Machenschaften der Strom der Lehre der schönen Literatur, der dank der Gnade des Heiligen Geistes das Paradies der Weltkirche bewässert und befruchtet, aus seinem Bett, das heißt der Stadt Paris, getreten, wo er sich bis dahin kraftvoll ausbreitete. Daraufhin wurde er an mehrere Orte verteilt und wurde zu nichts, wie ein aus seinem Bett getretener Strom sich in mehrere Bäche zerteilt und vertrocknet.«

In Oxford verschafft ein weiterer Abgesandter Innozenz' III., Kardinal Nikolaus von Tusculum, der Universität die Anfänge ihrer Unabhängigkeit. Innozenz IV. stellt sie gegen Heinrich III. »unter den Schutz des heiligen Petrus und des Papstes«; er beauftragt die Bischöfe von London und Salisbury, sie gegen die königlichen Übergriffe zu schützen.

In Bologna setzt Honorius III. den Archidiakon, der sie gegen die Gemeinde verteidigt, an die Spitze der Universität. 1278, als die Stadt den Papst als Herrn von Bologna anerkennt, emanzipiert sich die Universität endgültig.

Diese päpstliche Unterstützung ist von zentraler Bedeutung. Zweifellos erkennt der Heilige Stuhl die Wichtigkeit und den Wert der intellektuellen Tätigkeit an; doch sein Eingreifen ist nicht uneigennützig. Er entzieht die Universitäten nur den weltlichen Gerichtsbarkeiten, um sie der kirchlichen Gerichtsbarkeit zu unterstellen. So sehen sich die Intellektuellen gezwungen, gegen die starke Strömung in Richtung Laizismus, sich auf die Seite der Kirche zu schlagen, um diese entscheidende Hilfe zu bekommen. Zwar löst der Papst die Universitäten aus der örtlichen Kontrolle der Kirche – und auch das nicht vollständig, wie man im Laufe des Jahrhunderts an der Bedeutung bischöflicher Verurteilungen im Bereich der Intellektuellen sehen wird –, doch nur um sie dem Heiligen Stuhl zu unterstellen, sie in seine Politik einzugliedern, ihnen seine Kontrolle und seine Absichten aufzuzwingen.

So unterstehen die Intellektuellen, wie die neuen Stände, nun dem Apostolischen Stuhl, der sie begünstigt, um sie zu zähmen. Bekanntlich hat dieser päpstliche Schutz die Bettelorden im Laufe des 13. Jahrhunderts von ihrer Eigenart und ihren ursprünglichen Zielen abgebracht. Wir wissen von dem Verstummen und dem schmerzlichen Rückzug des heiligen Franziskus von Assisi angesichts dieser Richtungsänderung seines Ordens, der sich von da an den zeitlichen Machtkämpfen, der gewaltsamen Unterdrückung der Ketzerei und der römischen Politik widmete. Für die Intellektuellen ist ebenfalls die Zeit der Unabhängigkeit, des freien Geistes in Studium und Lehre vorbei. Wenn auch nicht dem Extremfall der Universität von Toulouse vergleichbar, die 1229 explizit auf Anordnung des Papstes zum Kampf gegen die Ketzerei gegründet wurde, so sind doch sämtliche Universitäten jener schleichenden Einvernahme durch die Kirche ausgesetzt. Was sie zweifellos gewinnen, ist die Unabhängigkeit gegenüber den oft noch tyrannischeren örtlichen Behörden und die Erweiterung ihres Horizonts und ihres Einflusses auf die gesamte Christenheit; sie unterwerfen sich einer Macht, die immerhin oftmals Großzügigkeit bewiesen hat. Doch sie bezahlen diese Errungenschaften hoch. Die abendländischen Intellektuellen sind bis zu einem gewissen Punkt ganz eindeutig zu päpstlichen Handlangern geworden.

Innere Widersprüche der universitären Körperschaft

Was eigentlich war das Besondere an der universitären Körperschaft, das ihre grundlegende Doppelrolle in der Gesellschaft sowie ihre Anfälligkeit für strukturelle Krisen erklären könnte?

Zunächst ist sie eine kirchliche Körperschaft. Auch wenn ihre Mitglieder längst nicht alle die Weihen empfangen haben, auch wenn sie in ihren Reihen immer mehr reine Laien zählt: Die Universitätsangehörigen werden dennoch alle als Kleriker angesehen, unterstehen der kirchlichen Gerichtsbarkeit, mehr noch, sie unterstehen Rom. Sie sind aus einer zum Laientum drängenden Bewegung entstanden und gehören doch der Kirche an, auch wenn sie institutionell aus ihr auszutreten suchen.

Wenn sie auch die *lokale* Monopolstellung zum Ziel hat und vom nationalen oder lokalen Aufschwung deutlich profitiert – die Universität von Paris ist untrennbar mit der wachsenden Kapetingermacht verknüpft, die von Oxford ist an die Stärkung der englischen Monarchie gebunden, die von Bologna zieht Nutzen aus der Vitalität der italienischen Gemeinden –, so ist die universitäre Körperschaft doch auf einzigartige Weise international: durch ihre Mitglieder – Magister und Studenten kommen von überall her –, durch die Art ihrer Tätigkeit – Wissenschaft ohne Grenzen –, durch ihren Wirkungskreis, der die *licentia ubique docendi,* das Recht überall zu lehren, festschreibt, das die Graduierten der größten Universitäten statutenmäßig genießen. Sie hat, im Gegensatz zu den anderen Körperschaften, kein Monopol auf den örtlichen Markt. Ihr Bereich ist die Christenheit.

Schon deshalb sprengt sie den städtischen Rahmen, aus dem sie entstand. Mehr noch, sie tritt den Bürgern auf wirtschaftlichem wie auf rechtlichem und politischem Gebiet – manchmal gewaltsam – entgegen.

Sie scheint dazu verurteilt, von einer gesellschaftlichen Klasse oder Gruppe zur anderen überzuwechseln. Sie scheint alle nacheinander verraten zu müssen. Für die Kirche, für den Staat, für den Stadtstaat kann sie zum trojanischen Pferd werden. Sie ist nicht einzuordnen.

Ende des Jahrhunderts schreibt der Dominikaner Thomas von Irland: »Die Stadt Paris ist wie Athen in drei Teile geteilt: erstens die Kaufleute, die Handwerker und das gemeine Volk, die sogenannte große Stadt; zweitens die Adligen um den Königshof und die Kathedrale, die sogenannte Cité; drittens die Studenten und Kollegien, die sogenannte Universität.«

Organisation der universitären Körperschaft

Die universitäre Körperschaft von Paris mag als Beispiel dienen. Im Lauf des 13. Jahrhunderts legt sie sowohl ihre administrative als auch ihre berufliche Organisationsstruktur fest. Sie setzt sich aus vier Fakultäten zusammen (den *Freien Künsten*, dem *Kanonischen* oder *Kirchenrecht* – Papst Honorius III. hat ihr 1219 das Lehren des weltlichen Rechts untersagt –, *Medizin* und *Theologie*), die ihrerseits wieder Körperschaften innerhalb der Universität bilden. Die sogenannten höheren Fakultäten: Kanonisches Recht, Medizin und Theologie werden von Titularmagistern oder *Regenten* geleitet, mit einem *Dekan* an der Spitze. Die Fakultät der Freien Künste, bei weitem die größte, beruht auf einem nationalen System. Magister und Studenten organisieren sich hier nach einer grob ihrem Herkunftsort entsprechenden Aufteilung. Paris hat vier Nationen: die *französische*, die *pikardische*, die *normannische*, die *englische*. Jede Nation untersteht einem von den Regenten gewählten *Prokurator*. Die vier Prokuratoren unterstützen das Haupt der Fakultät der Künste, den *Rektor*.

Die vier Fakultäten besitzen aber auch gemeinsame Institutionen, die allerdings sehr lose organisiert sind, denn die Fakultäten haben nur sehr wenige gemeinsame Probleme zu debattieren. Die gesamte Körperschaft besitzt keinerlei Grundstücke oder Gebäude, mit Ausnahme des außerhalb der Mauern gelegenen Spielfeldes Pré-aux-clercs. Die Universitätsangehörigen versammeln sich, ebenso wie die einzelnen Fakultäten und Nationen, in Kirchen oder Klöstern, die sie als Gäste aufnehmen: in Saint-Julien-le-Pauvre, bei den Dominikanern oder Franziskanern, im Kapitelsaal der Bernhardiner oder Zisterzienser, öfter noch im Refektorium der Mathuriner. Dort tritt die aus den Regenten und den übrigen Magistern bestehende Vollversammlung der Universität zusammen.

Im Lauf des Jahrhunderts gibt es dann schließlich einen Vorsteher der Universität; es ist der Rektor der Artistenfakultät. Wir werden noch darauf zu sprechen kommen, wie sich diese Fakultät zum *Leader* der Universität entwickelt. Sie verdankt diese herausragende Position der Zahl ihrer Mitglieder, dem Geist, der die Fakultät belebt und, mehr noch, ihrer finanziellen Situation. Der über die Finanzen der Universität verfügende Rektor der Artisten ist der Vorsitzende der Vollversammlung. Ende des Jahrhunderts ist er der anerkannte Kopf der gesamten Körperschaft. Er hat diese Position endgültig im Verlauf der Kämpfe zwischen Weltklerus und Ordensgeistlichkeit errungen, auf die wir weiter unten eingehen werden. Seine Amtszeit bleibt jedoch immer zeitlich begrenzt. Er kann sich zur Wiederwahl stellen, übt seine Funktion jedoch nur ein Trimester lang aus.

Diese Organisationsstruktur findet sich, allerdings mit oft beträchtlichen Abweichungen, in den anderen Universitäten wieder. In Oxford gibt es nicht nur einen einzigen Rektor. Der *Kanzler* ist der Leiter der Universität und wird, wie wir gesehen haben, schon früh von seinen Kollegen gewählt. Ab 1274 wird in Oxford das System der *Nationen* abgeschafft. Das erklärt sich sicherlich durch die allzu strikt regionalen Kriterien der Rekrutierung. Von jetzt an bilden die Nordländer oder *Boreales* – einschließlich der Schotten – und die Südländer oder *Australes* – einschließlich der Waliser und Irländer – keine getrennten Körperschaften mehr.

In Bologna gibt es eine originelle Eigenart: Die Professoren gehören nicht der Universität an. Die universitäre Körperschaft umfaßt nur die Studenten. Die Magister bilden das *Kollegium der Doktoren.* Eigentlich besitzt Bologna mehrere Universitäten. Jede Fakultät bildet eine eigene Körperschaft. Doch die Vorherrschaft der beiden juristischen Fakultäten – der weltlichen und der kirchlichen – ist fast absolut. Im Lauf des Jahrhunderts verstärkt sie sich noch aufgrund des Zusammenschlusses von beiden. Meist steht ein einziger Rektor der Institution vor. Wie in Paris entstammt er den *Nationen,* die in Bologna sehr lebendig und vielschichtig sind. Die Nationen bestehen aus zwei Föderationen denen der *Citramontanen* und denen der *Ultramontanen.* Jede von ihnen ist in viele Sektionen von wechselnder Anzahl unterteilt – bis zu sechzehn bei den Ultramontanen –, die von Räten *(consiliarii),* die neben dem Rektor eine bedeutende Rolle spielen, vertreten werden.

Die Macht der universitären Körperschaft stützt sich auf drei wesentliche Privilegien: die gerichtliche Autonomie – im Rahmen der Kirche, mit einigen örtlichen Einschränkungen und mit Berufungsrecht beim Papst –, das Streik- und Sezessionsrecht, das Monopol der Verleihung der universitären Titel.

Organisation des Studiums

Die universitären Statuten regeln die Organisation des Studiums. Sie bestimmen die Dauer des Studiums, die Seminarprogramme und die Prüfungsbestimmungen.

Die Angaben über Alter der Studenten und Dauer des Studiums sind leider ungenau und oft widersprüchlich. Sie ändern sich je nach Zeitpunkt und Ort; hier und da lassen Anspielungen vermuten, daß die Praxis manchmal weit von der Theorie entfernt war.

Zuerst einmal: In welchem Alter trat man in die Universität ein und mit welchen Voraussetzungen? Sicher sehr jung; doch hier stellt sich eine Frage: Gehörten die Grammatikschulen zu den Universitäten oder nicht, und wurde die Schrift vor Eintritt in die Universität gelehrt, oder war dies, wie Istvan Hajnal behauptet, eine ihrer wesentlichen Funktionen? Eins ist sicher: Das Mittelalter hat die Ausbildungsstufen kaum unterschieden, die mittelalterlichen Universitäten sind nicht nur Hochschulen. Unser Primar- und Sekundarschulunterricht wurde teilweise in ihrem Rahmen erteilt oder aber von ihnen kontrolliert. Das System der *Kollegien* – von denen weiter unten die Rede sein wird – trug noch zu dieser Verwirrung bei, da es seine Mitglieder vom Alter von acht Jahren an unterrichtete.

Man kann sagen, daß die Grundausbildung in den Universitäten – an der Fakultät der *Künste* oder *Artisten*fakultät[1] – sechs Jahre dauerte und im Alter von 14 bis 20 Jahren stattfand; das schrieben in Paris die Statuten des Robert von Courson vor. Die Ausbildung war zweistufig: nach etwa zwei Jahren das *Baccalaureat*, bei Abschluß des Studiums das *Doktorat*. Das Studium der Medizin und das des Rechts fanden sicher im Alter von 20 bis 25 Jahren statt. Die ersten Statuten der Pariser Medizinfakultät schreiben sechs Studienjahre zur Erlangung der Lizenz oder des Doktorats der Medizin vor – nach Erreichen des *magister in artibus*. Die Theologie schließlich erforderte einen langen Atem. Die Statuten des Robert von Courson schreiben acht Studienjahre vor und als Mindestalter 35 Jahre zur Erlangung des Doktorats. In der Praxis scheint die Lehrzeit des Theologen gut 15 bis 16 Jahre betragen zu haben. In den ersten sechs Jahren war er nur Hörer und mußte dann Praktika durchlaufen, mußte

[1] Vorläufer der philosophischen Fakultät. (A. d. Red.)

unter anderem vier Jahre lang die Bibel und zwei Jahre lang die Sentenzen des Petrus Lombardus kommentieren.

Programme

Da der Unterricht im wesentlichen aus Textkommentierung bestand, erwähnen die Statuten auch die Werke, die in den universitären Übungen behandelt werden. Auch hier wechseln die Autoren je nach Zeitpunkt und Ort. An der Fakultät der Künste sind Logik und Dialektik vorherrschend, zumindest in Paris, wo fast die gesamten Werke des Aristoteles kommentiert werden, während man ihn in Bologna nur auszugsweise behandelt, doch sich dafür mit Ciceros ›De inventione‹ und der ›Rhetorik für Herennius‹ auf die Rhetorik konzentriert sowie auf die Mathematik und Astronomie und hier vor allem auf Euklid und Ptolemäus. Bei den Dekretisten ist das ›Decretum Gratiani‹ das grundlegende Lehrbuch. In Bologna fügt man die ›Dekretalen‹ von Gregor IX, die ›Klementinen‹ und die anderen ›Extravaganten‹ hinzu. Im Zivilrecht bezogen sich die Kommentare auf die Pandekten, die in drei Gruppen unterteilt wurden: ›Digestum vetus‹, ›Infortiatum‹ und ›Digestum novum‹, auf den ›Codex‹ und auf eine ›Volumen‹ oder ›Volumen parvum‹ genannte Traktatensammlung, die die ›Institutiones‹ und die ›Authentica‹ enthielt. Bologna fügte noch einen Sammelband lombardischer Gesetze hinzu, das ›Liber feudorum‹. Die medizinische Fakultät stützte sich auf die ›Ars medicinae‹, einen im 11. Jahrhundert von Konstantin dem Afrikaner zusammengestellten Sammelband mit Werken von Hippokrates und Galen, zu dem später die großen arabischen Schriften hinzugesellt wurden: der ›Canon medicinae‹ des Avicenna, das ›Colliget‹ (›Buch der Allgemeinheiten‹) oder ›Correctorium‹ des Averroës, das ›Liber Almansoris‹ des Rhazes. Die Theologen behandelten außer der Bibel als grundlegende Schriften die ›Libri quattuor sententiarum‹ des Petrus Lombardus und die ›Historia scholastica‹ des Petrus Comestor.

Examen

Die Prüfungen und die Erlangung von Titeln waren ebenfalls geregelt. Auch hierbei hatte jede Universität ihre Gepflogenheiten und veränderte sie im Lauf der Zeit. Hier zwei typische Schulcurricula: das des Bologneser Juristen und das des Pariser Philosophen. Der frischgebackene Bologneser Doktor errang seinen Titel in zwei Etappen: dem eigentlichen Examen *(examen* oder *examen privatum)* und der öffentlichen Prüfung *(conventus, conventus publicus, doctoratus)*, die eher einer Investiturfeierlichkeit entsprach.

Einige Zeit vor dem privaten Examen wurde der Kandidat vom *consiliarius* seiner Nation dem Rektor vorgestellt, vor dem er beeidete, daß er die in den Statuten festgelegten Bedingungen erfülle und nicht versuchen werde, seine Prüfer zu bestechen. In der Woche vor dem Examen stellte ihn einer der Magister dem Archidiakon vor und bürgte für seine Befähigung zur Prüfung. Am Prüfungsmorgen erschien der Kandidat, nach dem Besuch der Eröffnungsmesse, vor dem Doktorenkollegium; eines der Mitglieder legte ihm zwei Texte vor, die er kommentieren mußte. Er zog sich nach Hause zurück und bereitete den Kommentar vor, den er abends an einem öffentlichen Ort (meistens in der Kathedrale) vor einer Kommission von Doktoren, im Beisein des Archidiakons, der nicht eingreifen durfte, vortrug. Nach dem Kommentar beantwortete er die Fragen der Doktoren, die sich daraufhin zurückzogen und abstimmten. Die Entscheidung fiel durch Mehrheitsbeschluß und der Archidiakon verkündete das Ergebnis.

Wenn er das Examen bestanden hatte, war der Kandidat nun lizensiert, doch über den Doktortitel verfügen und als

Magister lehren konnte er erst nach der öffentlichen Prüfung. Zu diesem Anlaß wurde er mit Pomp in die Kathedrale geführt; er hielt dort eine Rede und trug eine These über ein juristisches Problem vor, die er anschließend gegen die ihn angreifenden Studenten verteidigte. So spielte er zum ersten Mal die Rolle des Magisters in einer universitären Disputation. Danach erteilte ihm der Archidiakon feierlich die Lehrerlaubnis, und man übergab ihm die Ehrenzeichen seiner Funktion: einen Lehrstuhl, ein aufgeschlagenes Buch, einen Goldring, das Barett oder den Hut.

Der angehende Pariser Philosoph mußte noch eine Vorstufe durchlaufen. Es steht zwar nicht eindeutig fest, ist aber wahrscheinlich, daß der Student durch dieses erste Examen, die *determinatio*, zum *baccalaureus* wurde. Zwei Prüfungen gingen der *determinatio* voraus. Zuerst mußte sich der Kandidat im Verlauf der im Dezember stattfindenden *responsiones* einer Debatte mit einem Magister stellen. In der darauffolgenden Fastenzeit fand dann das Examen statt. Wenn er bestand, wurde er zum *examen determinantium* oder *baccalariandorum* zugelassen, bei dem er nachweisen mußte, daß er den Vorschriften der Statuten entsprach, und wo er durch seine Antworten auf die Fragen einer Magisterkommission belegen sollte, daß er die zu seinem Programm gehörenden Autoren kannte. Als nächster Schritt kam dann die *determinatio*: Im Verlauf der Fastenzeit hielt er einige Vorlesungen, in denen er seine Befähigung zum Einschlagen der Universitätslaufbahn beweisen sollte.

Zweite Etappe: das eigentliche Examen, das zur Lehrbefugnis und zum Doktorat führte. Auch hier gab es verschiedene Abschnitte. Der wichtigste bestand aus einer Reihe von Kommentaren und Antworten auf Fragen einer Kommission von vier Magistern unter Vorsitz des Kanzlers oder des Vizekanzlers. Der angenommene Kandidat erhielt einige Tage später im Verlauf einer feierlichen Zeremonie seine Lizenz aus den Händen des Kanzlers; bei dieser Gelegenheit hielt er einen Vortrag *(collatio)*, der jedoch eine bloße Formalität war. Etwa sechs Monate später wurde er im Verlauf der – dem bolognesischen *conventus* entsprechenden – *inceptio* wirklich zum Doktor. Am Vorabend nahm er an einer feierlichen Diskussion teil, die als seine *Vesper* bezeichnet wurde. Am Tag der *inceptio* hielt er im Beisein der Fakultät seine erste Vorlesung und bekam die Ehrenzeichen seines Titels.

Schließlich enthielten die Universitätsstatuten auch eine ganze Reihe von Bestimmungen, die, wie bei den anderen Körperschaften, das moralische und religiöse Klima der universitären Körperschaft prägten.

Moralisches und religiöses Klima

Diese Bestimmungen schrieben die gemeinschaftlichen Feiern und Veranstaltungen vor – und grenzten sie gleichzeitig ein. Die Examen gingen nämlich einher mit Geschenken, Vergnügungen und Banketten – auf Kosten des Prüflings –, die die geistige Gemeinschaft der Gruppe und die Aufnahme des Neuen in ihrer Mitte besiegelten. Wie die Trinkgelage, die *potaciones* der ersten Gilden, waren diese Festlichkeiten der Ritus, durch den die Körperschaft sich ihrer tiefen Solidarität bewußt wurde. Die Sippschaft der Intellektuellen zeigte ihre Eigenheiten in diesen Spielen, zu denen in manchen Fällen jedes Land seine traditionelle Note beitrug: Bälle in Italien, Stierkämpfe in Spanien.

Dazu kamen die inoffiziellen Einführungsriten, die der neue Student, der Konskribierte, der Anfänger, der in unseren Quellen *béjaune* (Grünschnabel) genannt wird, bei seinem Eintritt in die Universität durchlief. Wir kennen diese Riten durch ein merkwürdiges, erst Ende des 15. Jahrhunderts entstandenes Dokument, das ›Manuale scolarium‹, dem wir die frühen Ursprünge dieser studentischen Gebräuche entnehmen können. Die Einführung des Neuen wird als »Säuberungs«zeremonie beschrieben, die dem Jugendlichen seine ungeschliffene Art, beziehungsweise sogar seine primitive Bestialität nehmen soll. Man mokiert sich über seinen an wilde Tiere erinnernden Geruch, seinen wirren Blick, seine langen Ohren, seine an Hauer erinnernden Zähne. Man befreit ihn von imaginären Hörnern und Auswüchsen. Man wäscht ihn und feilt ihm die Zähne. In einer parodierten Beichte gesteht er schließlich außerordentliche Laster. So legt der zukünftige Intellektuelle seine Herkunft ab, die große Ähnlichkeit mit dem Bild des Bauern, des ungeschliffenen Tölpels in der zeitgenössischen satirischen Literatur hat. Von der Bestialität zur Menschlichkeit, von der Ungeschliffenheit zur städtischen Zivilisation; diese Zeremonien, in denen die alte Primitivität, zerfallen und fast ihres Inhalts entleert, zum Vorschein kommt, erinnern daran, daß der Intellektuelle dem ländlichen Milieu, der agrarischen Zivilisation, der wilden Welt des Bodens entrissen wurde. Der Anthropologe hätte einiges zur Psychologie der Kleriker zu sagen.

Die universitäre Frömmigkeit

Die Statuten legen schließlich auch die von der universitären Körperschaft zu leistenden frommen Werke und guten Taten fest. Sie verlangen von den Mitgliedern die Teilnahme an bestimmten Gottesdiensten und bestimmten Prozessionen sowie bestimmte Andachten zu pflegen.

An erster Stelle steht zweifellos die Anbetung der heiligen Schutzpatrone, vor allem des heiligen Nikolaus, des Patrons der Studenten, der heiligen Kosmas und Damian, der Patrone der Mediziner, und vieler anderer. In der universitären Vorstellungswelt besteht aufs Eindringlichste die Neigung, die sakrale Welt mit der profanen, berufsbezogenen zu verschmelzen. Mit Vorliebe wird Jesus inmitten der Doktoren gezeigt, werden die Heiligen mit den Attributen der Magister ausgestattet und in ihre Gewänder gehüllt.

Die universitäre Frömmigkeit steht im Zusammenhang mit den großen spiritualistischen Strömungen jener Zeit. Aus den Statuten des Pariser Ave-Maria-Kollegiums des 14. Jahrhunderts geht deutlich hervor, in welchem Umfang sich Magister und Studenten an der in vollem Aufschwung begriffenen eucharistischen Andacht und der Prozession des *Corpus Christi*, der Fronleichnamsprozession, beteiligten.

In der Religion der Intellektuellen reproduziert sich die ab dem 13. Jahrhundert aufkommende spiritualistische Tendenz, in die beruflichen Kreise der von der städtischen Welt geprägten Gesellschaft einzudringen. Die berufliche Moral wird zu einem bevorzugten Revier der Religion. Im Bemühen, sich den spezifischen Tätigkeiten der verschiedenen gesellschaftlichen Gruppen anzupassen, legen die Handbücher der Beichtväter Beichte und Buße nach beruflichen Kategorien fest, ordnen und definieren die Sünden der Bauern, der Kaufleute, der Handwerker, der Richter usw. Sie verwenden besondere Aufmerksamkeit auf die Sünden der Intellektuellen, der Universitätsangehörigen.

Doch die Religion der Kleriker begnügt sich nicht damit, im allgemeinen Strom der Frömmigkeit mitzuschwimmen. Sie versucht manchmal, ihn zu leiten oder darin ein ihr eigenes Gebiet abzustecken. Es wäre in diesem Zusammenhang sicher aufschlußreich, die Marienverehrung bei den Intellektuellen zu studieren, die dort sehr lebendig war. In universitären Kreisen zirkulierten seit Beginn des 13. Jahrhunderts speziell der Jungfrau Maria gewidmete Gedichte und Gebete, deren berühmtestes Beispiel der Sammelband ›Stella maris‹ des Pariser Magisters Johannes von Garland ist. Diese Anbetung, die eine weibliche Präsenz in ein – trotz der Hinterlassenschaft der Goliarden – wesentlich männliches und lediges Milieu einführt, ist in keiner Hinsicht erstaunlich. Doch die Marienverehrung der Intellektuellen hat ihre Besonderheiten. Sie bleibt immer der Theologie verhaftet und führt zu leidenschaftlichen Debatten über die Unbefleckte Empfängnis. Während Johannes Duns Scotus sie inbrünstig verteidigt, stößt sie aus dogmatischen Gründen auf den Widerstand des heiligen Thomas von Aquin, der in dieser Frage übrigens die Position eines großen Marienverehrers des vorherigen Jahrhunderts übernimmt: des heiligen Bernhard. Die Intellektuellen scheinen vor allem die intellektuelle Seite des Marienkults bewahren zu wollen. Offenbar wollen sie verhindern, daß er in eine allzu gefühlsbetonte Frömmigkeit abgleitet, und dafür sorgen, daß das Gleichgewicht zwischen den Bedürfnissen des Verstandes und denen des Gefühls erhalten bleibt. Im Vorwort zu ›Stella maris‹ verrät Johannes von Garland ganz unbefangen diese Absicht: »Ich habe Wunder der Heiligen Jungfrau aus Erzählungen zusammengestellt, die ich in der Bibliothek des Klosters der Heiligen Genoveva in Paris gefunden habe. Ich habe sie für meine Pariser Studenten in Versform gefaßt, um ihnen ein anschauliches Beispiel zu geben... Der eigentliche Anlaß für dieses Buch sind die Wunder der glorreichen Jungfrau. Doch habe ich Fakten aus der Physik, der Astronomie und der Theologie eingefügt... Der eigentliche Zweck besteht im unverbrüchlichen Glauben an Christus. Theologie, aber auch Physik und Astronomie sind Voraussetzungen.« Wie man sieht, sollte dieser Meerstern auch für die Wissenschaft leuchten.

Das Handwerkszeug

Der Universitätsangehörige ist ein Fachmann, und als solcher hat er im 13. Jahrhundert auch sein Handwerkszeug vollständig beisammen. Als Schriftsteller, Lektor und Professor umgibt er sich mit den für seine Tätigkeit notwendigen Instrumenten. Im Wörterbuch des Pariser Magisters Johannes von Garland lesen wir: »Der Kleriker benötigt folgende Utensilien: Bücher, ein Pult, eine Nachtlampe mit Talg und einen Kerzenständer, eine Laterne und einen Trichter mit Tinte, eine Feder, einen Bleifaden und ein Lineal, einen Tisch und eine Rute, einen Stuhl, eine schwarze Tafel, einen Bimsstein mit einer Schabe und Kreide. Das Pult *(pulpitum)* heißt auf französisch *lutrin (letrum)*; bemerkenswert ist, daß das Pult mit einer gestuften Reihe von Einkerbungen versehen ist, durch die man es auf die richtige Lesehöhe einstellen kann, denn das Buch wird auf das *lutrin* gelegt. Die Schabe *(plana)* ist ein eiserner Gegenstand, mit dem die Pergamentmacher die Pergamente vorbereiten.«

Man hat sogar noch andere Instrumente entdeckt, die zwar nicht von jedem Kleriker benutzt wurden, dafür aber zur Handwerksausstattung seiner Helfer, zum Beispiel der Schreiber, gehörten: insbesondere ein Pergamentstreifen und eine kleine Rolle, mit deren Hilfe man die Stelle wiederfinden konnte, an der man beim Kopieren innegehalten hatte.

Als Spezialist überlädt sich der Intellektuelle mit einer Unmenge an Arbeitsmitteln, ganz anders als der Kleriker des Hochmittelalters, der im wesentlichen mündlich lehrte und nur sehr wenig Material für das Schreiben seltener Handschriften benötigte, bei denen die Ästhetik im Vordergrund stand.

Zwar bleiben die mündlichen Übungen wesentlicher Bestandteil des universitären Lebens, doch das Buch ist zur Grundlage des Lehrbetriebs geworden. Wenn man den Umfang der Arbeitsmittel des Intellektuellen sieht, versteht man, daß der heilige Franziskus von Assisi, der Apostel der Entsagung, dieser Gelehrtentätigkeit auch deshalb feindlich gegenübersteht, weil das materielle Rüstzeug unentbehrlich wird und immer mehr überhandnimmt.

Das Buch der Universität unterscheidet sich grundlegend vom Buch des Hochmittelalters. Es gehört in einen ganz neuen technischen, gesellschaftlichen und wirtschaftlichen Kontext, ist Ausdruck einer anderen Zivilisation. Die Schrift selbst verändert sich und paßt sich den neuen Bedingungen an, wie schon Henri Pirenne gezeigt hat: »Die Kursivschrift entspricht einer Zivilisation, in der die Schrift unerläßlich für das Leben der Gemeinschaft wie für das des einzelnen ist. Die karolingische Minuskel ist eine Kalligraphie der gebildeten Schichten; sie allein beherrschen sie, und durch sie lebt sie fort. Es ist sehr bedeutungsvoll, daß die Kursivschrift in der ersten Hälfte des 13. Jahrhunderts neben ihr wieder auftaucht, das heißt zu einer Zeit, als durch den gesellschaftlichen Fortschritt und die Entwicklung von Wirtschaft und Kultur wieder ein allgemeines Bedürfnis nach Schrift entsteht.« Die schönen Arbeiten von Jean Destrez[1] haben die ganze Tragweite jener Revolution in der Technik der Buchherstellung gezeigt, die im 13. Jahrhundert in den Werkstätten der Universitäten stattgefunden hat.

Die Magister und Studenten mußten nicht nur die im Programm angegebenen Autoren lesen, die Vorlesungen der Professoren mußten ebenfalls festgehalten werden. Die Studenten machten sich Mitschriften *(relationes),* von denen einige überliefert sind. Mehr noch, diese Vorlesungen wurden veröffentlicht, und das mußte schnell geschehen, damit sie bei den Prüfungen herangezogen werden konnten. Gleichzeitig mußte eine gewisse Anzahl Exemplare vorliegen. Grundlage dieser Arbeit ist die *pecia.* Lesen wir die Beschreibung von Jean Destrez:

»Eine erste offizielle Kopie des zu verbreitenden Werkes wird auf Heften mit je vier Foliobögen festgehalten, die voneinander getrennt bleiben. Jedes dieser Hefte aus

[1] *La pecia dans les manuscrits universitaires du XIIIe et du XIVe siècle.* 1935.

vierfach gefalteter Schafshaut heißt ›Stück‹, *pecia.* Dank dieser Stücke, die sich die Kopisten nacheinander holen, und die in zusammengefaßter Form dann das sogenannte *exemplar* bilden, reicht die Zeit, die ein einziger Kopist sonst für eine einzige Kopie gebraucht hätte, aus, daß zum Beispiel ein Werk von ca. 60 Stücken von etwa 40 Schreibern in einen unter Aufsicht der Universität korrigierten und sozusagen offiziell gewordenen Text übertragen wird.«

Die Veröffentlichung der offiziellen Vorlesungstexte war in den Universitäten von zentraler Bedeutung. 1264 stellen die Statuten der Universität von Padua fest: »Ohne *Exemplare* gäbe es keine Universität.«

Die immer intensiver werdende Benutzung von Büchern an der Universität hat eine Reihe von Konsequenzen. Fortschritte in der Erzeugung des Pergaments ergeben im Vergleich zu den älteren Handschriften dünnere, biegsamere und weniger gelbliche Blätter. In Italien, wo die Technik am weitesten fortentwickelt ist, sind die Blätter sehr dünn und strahlend weiß.

Das Format der Bücher verändert sich. Zuerst entsprach es ziemlich genau unserem Folio. »Diese Größe paßt nur für Manuskripte, die in den Abteien geschrieben wurden und dort bleiben müssen.« Von nun an wird das Buch jedoch oft zu Rat gezogen, von einem Ort zum anderen getragen. Sein Format wird kleiner, handlicher.

Die schnellere gotische Minuskelschrift ersetzt die früheren Lettern. Sie ändert sich von einem universitären Zentrum zum anderen; es gibt die Pariser Variante, die englische, die bolognesische. Auch sie entspricht einem technischen Fortschritt: der Ablösung des Schilfrohrs durch die Vogelfeder, im allgemeinen einen Gänsekiel, der »leichtere und schnellere Arbeit« ermöglicht.

Die Verzierung der Bücher nimmt ab: Zierbuchstaben und Miniaturen werden serienmäßig hergestellt. Die Juramanuskripte bleiben oft luxuriös, denn die Juristen gehören im allgemeinen einer wohlhabenden Klasse an, doch die Bücher der meist armen Philosophen und Theologen enthalten nur ausnahmsweise Miniaturen. Oft läßt der Schreiber weiße Flächen für Zierbuchstaben und Miniaturen, damit ein mittelloser Käufer das Manuskript so kaufen und ein reicherer Kunde die freigelassenen Stellen bemalen lassen kann.

Zu diesen bedeutungsvollen Einzelheiten kommen die wachsende Fülle von Kürzeln – es muß schnell produziert werden –, die Fortschritte in der Numerierung, der Rubrifizierung, der Inhaltsübersichten, manchmal gibt es auch eine Liste der Abkürzungen und, wann immer möglich, geht man nach alphabetischer Ordnung vor. Alles wird getan, um ein schnelles Nachschlagen zu erleichtern. Die Entwicklung des Berufs des Intellektuellen hat die Ära der Handbücher eingeleitet – der handlichen und gehandhabten Bücher. Dies ist ein deutliches Zeichen für die Beschleunigung des Umlaufs des Schrifttums und seiner Verbreitung. Eine erste Revolution hat stattgefunden: Das Buch ist nicht länger ein Luxusgegenstand, es ist zum Instrument geworden. Das ist eher eine Geburt als eine Wiedergeburt vor der Einführung des Buchdrucks.

Als Instrument ist das Buch zum industriellen Produkt und zum Handelsgegenstand geworden. Im Schatten der Universitäten entwickelt sich ein ganzes Volk von Schreibern – oft arme Studenten, die damit ihren Lebensunterhalt verdienen – und Buchhändlern *(stationarii).* Sie werden beim Aufbau der Universitäten dringend benötigt und verschaffen sich ihren Platz als vollberechtigte Arbeiter. Sie genießen die Privilegien der Universitätsangehörigen und unterstehen der universitären Gerichtsbarkeit. Sie treiben die Mitgliederzahlen der Körperschaft in die Höhe, vermehren sie um eine ganze Schar von Hilfshandwerkern. Zum intellektuellen Betrieb gehören etliche angrenzende und von ihm abhängige Wirtschaftszweige. Einige der Produzenten und Händler sind bereits bedeutende Persönlichkeiten. Neben »den Gewerbetreibenden, deren Tätigkeit sich auf den Wiederverkauf einiger Gelegenheitsschriften beschränkte, entwickelten andere sich zu internationalen Verlegern«.

Die scholastische Methode

Neben seinem Handwerkszeug hat der intellektuelle Fachmann seine Methode: die Scholastik. Berühmte Gelehrte, allen voran Martin Grabmann, haben ihr Wesen und ihre geschichtliche Entwicklung beschrieben. In seiner ›Introduction à l'étude de saint Thomas d'Aquin‹ hat M.-D. Chenu eine glänzende Darstellung der Scholastik geliefert. Versuchen wir herauszuarbeiten, wie diese Scholastik, die jahrhundertelang schlechtgemacht wurde und die für Ungeschulte so schwierig zu ergründen ist, weil sie fachlich so spröde ist, wie diese Scholastik aussah und welche Tragweite sie hatte. Ein Ausspruch von Chenu mag uns dabei leiten: »Denken ist ein *Metier,* dessen Gesetze minuziös festgelegt sind.«

Terminologie

Zunächst die Gesetze der Sprache. Die berühmten Kontroversen zwischen Realisten und Nominalisten konnten nur deshalb das mittelalterliche Denken erfüllen, weil die Intellektuellen jener Zeit um die Macht der Worte wußten und bemüht waren, sie inhaltlich zu definieren. Es geht ihnen ganz wesentlich um das Verhältnis zwischen Wort, Begriff und Sein, ganz im Gegensatz zu jenem Hang zum Verbalismus, dessen man die Scholastik beschuldigt hat und dem sie im 13. Jahrhundert gelegentlich und in der Folgezeit oft verfallen ist. Denker wie Lehrer des Mittelalters wollen wissen, worüber sie reden. Die Scholastik fußt auf der Grammatik. Die Scholastiker sind die Nachfolger Bernhards von Chartres und Abaelards.

Dialektik

Sodann die Gesetze der Beweisführung. Die zweite Stufe der scholastischen Lehre ist die Dialektik, ein Verfahren, das aus dem Wissensgegenstand ein Problem macht, es darlegt, gegen Angreifer verteidigt, es löst und den Hörer oder Leser überzeugt. Die Gefahr besteht hier in der inhaltsleeren Argumentation – nicht mehr Verbalisation, sondern leeres Geschwätz. Die Dialektik braucht einen Inhalt, der nicht nur aus Worten besteht, sondern aus effizienten Gedanken. Die Universitätsangehörigen sind Nachkommen Johanns von Salisbury, der erklärte: »Die Logik allein bleibt blutleer und steril; sie trägt keinerlei Gedankenfrucht, wenn sie nicht von außen geschwängert wird.«

Die Autoritäten

Die Scholastik lebt von Texten. Sie ist eine autoritätsabhängige Methode; sie stützt sich auf den doppelten Beitrag der vorhergehenden Kulturen: Christentum und antikes Denken, das, wie wir sahen, über den arabischen Umweg bereichert wurde. Sie ist das Ergebnis eines Augenblicks, einer Wiedergeburt. Sie verarbeitet die Vergangenheit der abendländischen Zivilisation. Die Bibel, die Kirchenväter, Platon, Aristoteles, die Araber, sie alle sind dem Wissen vorgegeben, bilden das Material. Die Gefahr besteht hier in der Wiederholung, im Nachplappern, in der sklavischen Imitation. Die Scholastiker haben von den Intellektuellen des 12. Jahrhunderts den ausgeprägten Sinn für den notwendigen und unabwendbaren Fortschritt der Geschichte und des Denkens übernommen. Mit Hilfe des Materials errichten sie ihr Werk. Den Grundfesten fügen sie neue Stockwerke, eigenständige Bauten hinzu. Sie sind Nachkommen des Bernhard von Chartres und stehen auf den Schultern der Alten, um in die Ferne zu sehen. Gilbert von

Tournai sagt: »Wir werden nie die Wahrheit finden, wenn wir uns auf das bereits Gefundene beschränken... Die vor uns schrieben, sind nicht Herren, sondern Führer für uns. Die Wahrheit steht allen offen, sie ist noch nicht vollständig in Besitz genommen worden.« Welch ein bewundernswerter intellektueller Optimismus im Gegensatz zu dem traurigen »Alles ist bereits gesagt worden, und wir kommen zu spät...«

Die Vernunft
Theologie als Wissenschaft

Mit den Gesetzen der Nachahmung verknüpft die Scholastik die Gesetze der Vernunft, mit den Anweisungen der Autoritäten die Argumente der Wissenschaft. Mehr noch, und dies ist ein entscheidender Fortschritt des Jahrhunderts, die Theologie beruft sich auf die Vernunft, sie wird zur Wissenschaft. Die Scholastiker entwickeln die in der Heiligen Schrift enthaltene Aufforderung weiter, die den Gläubigen dazu anspornt, seinen Glauben zu begründen: »Seid allzeit bereit zur Verantwortung vor jedermann, der von euch Grund fordert der Hoffnung, die in euch ist.« (1. Petrus 3,15) Sie befolgen den Aufruf des heiligen Paulus, für den der Glaube »ein Argument des Nichtsichtbaren« *(argumentum non apparentium)* ist (Heb. 11,1). Von Wilhelm von Auvergne, der als erster in dieser Richtung dachte, bis zum heiligen Thomas, der die sicherste Darlegung der theologischen Wissenschaft entwarf, beziehen sich die Scholastiker auf die theologische Vernunft, eine »vom Glauben erleuchtete Vernunft« *(ratio fide illustrata)*. Die tiefsinnige Formulierung des heiligen Anselm *fides quaerens intellectum,* »der Glaube auf der Suche nach der Vernunft« wird klarer, als der heilige Thomas folgendes Prinzip aufstellt: »Die Gnade hebt die Natur nicht auf, sondern vollendet sie« *(gratia non tollit naturam sed perficit)*.

Nichts ist weniger fortschrittsfeindlich als die Scholastik, für die sich die Vernunft in der Erkenntnis vollendet. Auf dieser Grundlage entwickelt sich die Scholastik in der universitären Arbeit, mit ihren eigenen Darstellungsverfahren.

Die Übungen: *Quaestio, disputatio, quodlibet*

Die *lectio*, der Textkommentar, ist grundlegend: Sie ist eine profunde Analyse, die von der grammatikalischen Analyse ausgeht, zur logischen Erklärung, die den Sinn *(sensus)* liefert, führt und mit der den Inhalt von Wissenschaft und Denken enthüllenden Exegese *(sententia)* abschließt.

Doch der Kommentar löst die Diskussion aus. Die Dialektik erlaubt, über das Stadium des Textverständnisses hinauszugehen und die von ihm aufgeworfenen Probleme zu behandeln; der Text tritt zurück hinter der Suche nach der Wahrheit. Die Exegese wird durch eine Reihe von Fragestellungen ersetzt. Nach entsprechenden Verfahren entwickelt sich die *lectio* zur *quaestio*. Der universitäre Intellektuelle tritt in Erscheinung, sobald er den Text, der nur noch der Aufhänger ist, »in Frage stellt«, sobald er nicht mehr passiv, sondern aktiv ist. Der Magister ist nicht mehr Exeget, sondern Denker. Er gibt seine Lösungen an, ist kreativ. Seine Schlußfolgerung aus der *quaestio*, die *determinatio*, ist das Ergebnis seines Denkens.

Im 13. Jahrhundert löst sich die *quaestio* sogar völlig vom Text. Sie existiert eigenständig. Unter aktiver Beteiligung der Magister und Studenten wird sie zum Gegenstand einer Diskussion, sie ist zur *disputatio* geworden.

Pierre Mandonnet[1] hat hiervon eine klassische Beschreibung geliefert: »Wenn ein Magister disputierte, wurden alle am selben Morgen stattfindenden Vorlesungen der anderen Magister und Baccalaurei der Fakultät abgesagt, nur

[1] In: Revue Thomiste (1928), S. 267ff.

der disputierende Magister hielt eine kurze Vorlesung bis zum Eintreffen der Assistenten; dann begann der Disput. Er nahm einen mehr oder weniger beträchtlichen Teil des Vormittag ein. Alle Baccalaurei der Fakultät und die Studenten des disputierenden Magisters mußten der Übung beiwohnen. Die anderen Magister und Studenten hatten anscheinend frei; doch zweifellos erschienen auch sie, je nach dem Rang des Magisters und dem Gegenstand der Diskussion, ziemlich zahlreich. Der Pariser Klerus und die Prälaten sowie andere kirchliche Persönlichkeiten auf der Durchreise besuchten gerne diese die Gemüter erhitzenden Gefechte. Der Disput war das Turnier der Kleriker.

Die zu disputierende Frage wurde vorher von dem Magister festgelegt, der dem Disput standzuhalten hatte. Sie wurde, zusammen mit dem festgelegten Datum, in den übrigen Schulen der Fakultät angekündigt.

Der Disput fand unter der Leitung des Magisters statt. Doch eigentlich war nicht er der Disputant. Sein Baccalaureus übernahm die Rolle des Respondenten und begann so, diese Übungen zu lernen. Die Einwände wurden – nach verschiedenen Seiten – normalerweise zuerst von den anwesenden Magistern erhoben, dann von den Baccalaurei und schließlich gegebenenfalls von den Studenten. Der Baccalaureus antwortete auf die angeführten Argumente und der Magister unterstützte ihn, wenn nötig. Das war, kurz zusammengefaßt, der Ablauf eines gewöhnlichen Disputs; doch das war nur der erste, wenn auch der hauptsächliche und der lebhafteste Teil.

Die im Verlauf des Disputs ohne festgelegte Ordnung erhobenen und widerlegten Einwände ergaben schließlich ein relativ ungeordnetes Lehrmaterial; es glich jedoch nicht so sehr den Trümmern eines Schlachtfelds als vielmehr dem halbverarbeiteten Material einer Baustelle. Deshalb folgte auf diese ›Erarbeitungssitzung‹ eine zweite, die sogenannte magistrale Festlegung *(determinatio)*.

Am ersten lesbaren Tag, wie man damals sagte, das heißt am ersten Tag, an dem der disputierende Magister eine

Vorlesung halten konnte – denn ein Sonntag, ein Feiertag oder ein anderes Hindernis konnte bewirken, daß es nicht der auf den Disput folgende Tag war –, nahm der Magister in seiner Schule den am Vorabend oder einige Tage vorher disputierten Stoff nochmals durch. Zuerst fügte er die Einwände gegen seine These, soweit es der Stoff zuließ, in eine logische Ordnung oder Reihenfolge und legte ihre endgültige Formulierung fest. Nach den Einwänden führte er einige Argumente für seine Doktrin an. Danach hielt er einen mehr oder weniger ausgedehnten Lehrvortrag über die debattierte Frage; dies war der zentrale und wesentliche Teil der *determinatio.* Er schloß ab, indem er jeden der Einwände gegen die Doktrin seiner These beantwortete...

Die vom Magister oder einem Hörer mitgeschriebene *determinatio* ergibt jene Schriften, die wir disputierte Fragen *(quaestiones disputatae)* nennen; sie stellen die endgültige Fassung des Disputs dar.«

In diesem Rahmen entwickelte sich eine besondere Form: der *quodlibetische* Disput. Zweimal jährlich konnten die Magister eine Sitzung abhalten, in der sie anboten, ein Problem zu behandeln, »über irgendein von irgend jemandem« *(de quodlibet ad voluntatem cuiuslibet)* gestelltes Thema. P. Glorieux[1] hat diese Übung folgendermaßen beschrieben: »Die Sitzung beginnt vielleicht um die Zeit der Tertia oder der Sexta; jedenfalls ziemlich früh morgens, denn sie kann sich lange hinziehen. Bezeichnend für sie ist nämlich ihr launischer, improvisierter Verlauf und die über ihr schwebende Ungewißheit. Sie ist eine Disputs- und Argumentationssitzung wie viele andere, doch ihre Besonderheit besteht darin, daß die Initiative den Händen des Magisters entgleitet und auf die Assistenten übergeht. In den gewöhnlichen Disputen hat der Magister im voraus die Themen angekündigt, über sie nachgedacht und sich vorbereitet. Im quodlibetischen Disput kann irgend jemand irgendein Problem aufwerfen. Und

[1] *La littérature quodlibétique.* 1936.

hier liegt für den empfangenden Magister die große Gefahr. Fragen und Einwände können von allen Seiten kommen, feindliche oder neugierige oder bösartige, wie auch immer. Man kann versuchen, ihn in Widerspruch zu sich selbst zu verwickeln oder ihn zwingen, auf brennende Themen einzugehen, die er am liebsten nie angesprochen hätte. Manchmal ist es ein neugieriger Fremder oder ein unruhiger Geist, manchmal versucht ein neidischer Rivale oder ein neugieriger Magister ihn in eine schwierige Situation zu bringen. Manchmal sind die Probleme klar und interessant, ein anderes Mal sind die Fragen zweideutig und es fällt dem Magister ganz schön schwer, ihre genaue Tragweite und ihren wirklichen Sinn zu erfassen. Einige beschränken sich ohne Hintergedanken auf das rein intellektuelle Terrain; andere haben vor allem politische oder verleumderische Hintergedanken... Wer sich also einem quodlibetischen Disput aussetzen will, muß über ungewöhnliche Geistesgegenwart und fast allumfassende Sachkenntnis verfügen.«

So entwickelt sich die Scholastik als wissenschaftlich strenge Meisterin und Anregerin originellen Denkens in strikter Einhaltung der Gesetze der Vernunft. Das abendländische Denken sollte immer von ihr geprägt bleiben, es hat durch sie entscheidende Fortschritte gemacht. Sicher, es handelt sich dabei um die in voller Blüte, in vollem Aufschwung stehende, von scharfsinnigen, anspruchsvollen Geistern getragene Scholastik des 13. Jahrhunderts. Die Spätscholastik des ausgehenden Mittelalters hingegen wird zu Recht die Verachtung eines Erasmus, eines Luther, eines Rabelais auf sich ziehen. Die Barockscholastik wird die berechtigte Abscheu eines Malebranche hervorrufen. Doch der Geist und die Gepflogenheiten der Scholastik sind in die neuen Fortschritte des abendländischen Denkens eingegangen. Was er auch immer sagen mag, Descartes verdankt ihr vieles. In der Schlußfolgerung seines grundlegenden Buches schrieb Etienne Gilson: »Man kann den Cartesianismus nicht verstehen, wenn man ihn nicht ständig mit jener Scholastik konfrontiert, die er verachtet, innerhalb derer er sich aber installiert und von der man, da er sie aufnimmt, durchaus sagen kann, daß er aus ihr schöpft.«

Widersprüche
Wie soll man leben? Salär oder Benefizium?

Mit all dem ausgestattet sieht sich der Intellektuelle des 13. Jahrhunderts dennoch zahlreichen Unsicherheiten gegenüber und muß schwierige Entscheidungen treffen. Etliche Widersprüche treten im Verlauf einer Reihe von universitären Krisen zutage.

Die ersten Probleme sind materieller Art; sie haben tiefgreifende Folgen.

Die erste Frage lautet: Wie soll man leben? Sobald der Intellektuelle kein Mönch mehr ist, für den seine Ordensgemeinschaft sorgt, muß er seinen Lebensunterhalt verdienen. In den Städten sind die Nahrungs- und Wohnungs-, die Kleidungs- und Ausstattungspreise – auch für Bücher – beängstigend hoch. Und mittlerweile ist das Studentenleben besonders teuer, weil es lange dauert.

Es gibt zwei Lösungen für dieses Problem: Salär oder Benefizium für den Magister, Stipendium oder Präbende für den Studenten. Beim Salär gibt es wiederum zwei Arten: Der Magister kann entweder von seinen Schülern oder von der öffentlichen Hand bezahlt werden. Das Stipendium kann die Spende eines privaten Mäzens sein oder eine Unterstützung durch eine öffentliche Institution oder einen Mächtigen.

Diese Möglichkeiten sind mit unterschiedlichen Verpflichtungen verbunden. Die erste grundsätzliche Wahl ist die zwischen Salär und Benefizium. Im ersten Fall begibt sich der Intellektuelle bewußt in die Rolle des Arbeiters, des Produzenten. Im zweiten Fall lebt er nicht von seiner Tätigkeit, sondern er kann sie ausüben, weil er Privatmann ist. Dadurch wird sein gesamter sozio-ökonomischer Status bestimmt; entweder er ist Arbeiter oder Privilegierter.

Im Zusammenhang mit dieser ersten Entscheidung stehen weitere, von geringerer, aber nicht unwesentlicher Bedeutung. Als Salärempfänger kann er entweder Händler sein – wenn ihn seine Schüler bezahlen – oder Beamter – wenn er von der öffentlichen Hand oder vom Fürsten entlohnt wird – oder eine Art Bediensteter – wenn er von der Freigebigkeit eines Mäzens lebt.

Als Pfründner kann er entweder ein Benefizium erhalten, das mit seiner intellektuellen Tätigkeit zusammenhängt und aus ihm einen spezialisierten Kleriker macht, oder er kann mit einem Benefizium ausgestattet werden, mit dem bereits eine andere pastorale Tätigkeit verbunden ist, zum Beispiel in einer Pfarrei oder einem Kloster. Dann kann er nur im Glücksfall seiner intellektuellen Aufgabe nachgehen, möglicherweise sogar nur unter Vernachlässigung seiner kirchlichen Verpflichtungen.

Seit dem 12. Jahrhundert fielen die Entscheidungen teilweise aufgrund örtlicher oder zeitlicher Umstände, zum Teil auch aufgrund der persönlichen Situation und Befindlichkeit der Betroffenen.

Man kann jedoch Tendenzen feststellen. Die Magister neigen dazu, von dem Geld zu leben, das ihnen die Studenten bezahlen. Diese Lösung hat für sie den Vorzug, daß sie den weltlichen Mächten, Gemeinden, Fürsten, der Kirche und sogar Mäzenen gegenüber unabhängig bleiben. Sie erscheint ihnen selbstverständlich, denn sie entspricht den Gepflogenheiten im allgemeinen städtischen Aufschwung, dem sie sich zugehörig fühlen. Sie verkaufen ihre Wissenschaft und ihre Lehre wie die Handwerker ihre Erzeugnisse. Sie rechtfertigen diese Haltung auf vielfältige Weise. Die Hauptrechtfertigung besagt, daß jeder Arbeit ihr Lohn gebührt. So steht es auch in den Handbüchern der Beichtväter: »Der Magister kann das Geld der Studenten – die *collecta* – als Preis für seine Arbeit und seine Mühen annehmen.« Daran erinnern die Universitätsangehörigen oft, so beispielsweise in Padua die Doktoren der Rechte noch im Jahre 1382: »Unserer Meinung nach ist es nicht vernünftig, daß der Arbeiter aus seiner Arbeit keinen Gewinn ziehen soll. Deshalb erklären wir, daß der Doktor, der im Namen des Kollegiums das *Responsum* für die Aufnahme eines Studenten ausspricht, von dem Studenten als Anerkennung für seine Arbeit drei Pfund Stoff und vier Fläschchen Wein oder einen Dukaten erhalten soll.« Daher stammt auch die Jagd der Magister auf ihre schlecht zahlenden Studenten. Der berühmte Bologneser Jurist Odofredus schrieb bereits: »Hiermit kündige ich Ihnen an, daß ich nächstes Jahr die Pflichtvorlesungen mit der gleichen Gewissenhaftigkeit durchführen werde, die ich immer bewiesen habe; doch ich glaube nicht, daß ich außerordentliche Vorlesungen anbieten werde, denn die Studenten sind schlechte Zahler; sie wollen wissen, aber nicht bezahlen, wie schon der Spruch sagt: ›Alle wollen wissen, doch keiner will den Preis dafür entrichten.‹«

Die Studenten ihrerseits, so entnehmen wir ihren entweder echten oder als Beispiele in Korrespondenzhandbüchern angeführten Briefen, bemühten sich vor allem darum, von ihren Familien oder von einem Wohltäter ausgehalten zu werden.

Die Kirche und insbesondere die Päpste sahen es als ihre Pflicht an, dieses Problem zu regeln. Sie verkündeten das Prinzip der Unentgeltlichkeit der Lehre. Der rechtmäßige Grund für diese Haltung war der Wunsch, auch den armen Studenten die Universität zugänglich zu machen. Ein anderer, der auf einer archaischen Anschauung beruhte und sich auf die Zeit bezog, in der jeglicher Unterricht religiöser Unterricht war, sah die Wissenschaft als Gabe Gottes an, deren Verkauf als Simonie bestraft wurde; für sie war das Lehren integraler Bestandteil der Aufgabe *(officium)* des Klerikers. Der heilige Bernhard hatte in einer berühmten Schrift die Gewinne der Magister als Schandprofite *(turpis quaestus)* bezeichnet.

Die Päpste erließen eine ganze Reihe von Maßnahmen.

Schon anläßlich des Dritten Laterankonzils von 1179 hatte Papst Alexander III. das Prinzip der Unentgeltlichkeit der Lehre verkündet, und seine Nachfolger beriefen sich oft auf diese Entscheidung. Gleichzeitig sollte neben jeder Kathedrale eine Schule eröffnet werden, deren Vorsteher durch die Verleihung eines Benefiziums eine gesicherte Existenz bekam. Doch dadurch banden die Päpste die Intellektuellen finanziell an sich, denn diese waren gezwungen, sie um Benefizien zu bitten, und sie stoppten oder bremsten zumindest beträchtlich die Bewegung der Intellektuellen hin zum Laientum.

Daraus ergab sich, daß nur diejenigen Universitätsprofessoren werden konnten, die sich mit der materiellen Abhängigkeit von der Kirche abfanden. Sicher gab es, trotz des sehr starken Widerstands der Kirche, neben den Universitäten auch weltliche Schulen, doch statt Allgemeinbildung zu betreiben, beschränkten sie sich auf technischen, im wesentlichen für Kaufleute bestimmten Unterricht: Schrift, Buchhaltung, Fremdsprachen. So verbreiterte sich der Graben zwischen Allgemeinbildung und technischer Ausbildung. Die Kirche beraubte die von Innozenz III. vertretene Einstellung ihres Sinns, denn er hatte in seinem ›Dialogus‹ erklärt: »Jeder intelligenzbegabte Mensch... kann lehren, denn er muß seinen Bruder, den er fernab vom Weg der Wahrheit oder der Moral irren sieht, durch die Lehre zurück auf den rechten Weg führen. Doch predigen, das heißt öffentlich lehren, können nur die dazu Bestimmten, das heißt die für die Seelsorge zuständigen Bischöfe und Priester in ihren Kirchen und die Äbte in ihren Klöstern.« In dieser zentralen Schrift erkannte ein – wenn auch den Neuerungen skeptisch gegenüberstehender – Kirchenfürst angesichts der allgemeinen Entwicklung die notwendige Unterscheidung zwischen Kirchen- und Lehramt an. Diese Auffassung steht zweifellos in einem konkreten historischen Kontext, dem einer völlig christlichen Gesellschaft. Doch die höchste Persönlichkeit der Kirche hatte, zumindest für ihre Vertreter, den weltlichen Charakter der Lehre anerkannt. Bekanntlich wurde diesem Text nicht die verdiente Verbreitung zuteil. Wie wir jedoch sehen werden, waren im Mittelalter zahlreiche Magister und Studenten Laien. Sie profitierten deshalb aber nicht weniger von der Verteilung kirchlicher Benefizien und trugen so zur Verschärfung eines der großen Fehler des Mittelalters und des Ancien Régime bei: der Vergabe kirchlicher Einkommen und Benefizien an Laien. Im übrigen hatte sich die Einführung eines speziellen Benefiziums für einen einzigen Magister pro Schulzentrum bald als sehr ungenügend erwiesen. Magister wie Studenten erhielten deshalb allgemeine Benefizien und verschärften so jene andere Plage der Kirche: die Nichtortsgebundenheit der Priester.

Schließlich verstärkte die Kirche die Schwierigkeiten derer, die im Lehrbetrieb nichtkirchliche Aufgabengebiete suchten, insbesondere weltliches Recht und Medizin. Sie gerieten zwangsläufig häufig in peinliche Situationen, denn obschon die Welle der hauptsächlich juristischen Studien unvermittelt anhielt, wurde dieser Bereich doch ständig von hohen Geistlichen attackiert. Hierzu sagte Roger Bacon: »Im weltlichen Recht hat alles weltlichen Charakter. Wer sich einer so grobschlächtigen Kunst zuwendet, tritt aus der Kirche aus.« Da dies an den Universitäten nicht offiziell zu vertreten war, blieb eine ganze Reihe Fächer, die von der technischen, wirtschaftlichen und gesellschaftlichen Entwicklung zu starker Entfaltung berufen waren, jedoch keinerlei unmittelbar religiösen Charakter aufwiesen, auf Jahrhunderte hinaus gelähmt.

Der Streit zwischen Ordensgeistlichkeit und Weltklerus

Eine die Universitäten im 13. und Anfang des 14. Jahrhunderts erschütternde schwere Krise enthüllte die Unsicherheit der Situation der Intellektuellen und die Unzufriedenheit großer Teile von ihnen. Es handelt sich um den Krieg zwischen Regularen und Säkularen, also zwischen Ordensgeistlichen und Weltklerus, um den heftigen Widerstand der Weltkleriker gegen die zunehmende Ausbreitung der Magister aus den neuen Bettelorden an den Universitäten. Tatsächlich versuchten die Dominikaner von Anfang an, in die Universitäten einzudringen; das eigentliche Ziel ihres Gründers – Predigen und Kämpfen gegen die Ketzerei – veranlaßte sie, sich mit einer soliden intellektuellen Ausrüstung zu versehen. Die Franziskaner folgten bald nach, und zwar in dem Maße, wie diejenigen wachsenden Einfluß innerhalb des Ordens gewannen, die ihn, zumindest an einigen Punkten, den Positionen des heiligen Franziskus entfremdeten, der bekanntlich gegen die Wissenschaft war, in der er ein Hindernis für die Armut, die Entsagung, die Brüderlichkeit mit den Armen sah. Zuerst wurden die Ordensbrüder mit offenen Armen empfangen. 1220 lobte Papst Honorius III. die Universität Paris für die Aufnahme der Dominikaner in ihre Reihen. Doch dann gab es gewaltsame Auseinandersetzungen. In Paris fanden die heftigsten zwischen 1252 und 1290 statt, insbesondere während der Jahre 1252 bis 1259, 1265 bis 1271 und 1282 bis 1290. Oxford litt etwas später, zwischen 1303 und 1320 und zwischen 1350 und 1360, unter demselben Problem.

Die schärfste und charakteristischste dieser Streitigkeiten fand zwischen 1252 und 1259 in Paris statt. Sie gipfelt in der Affäre um Guillaume de Saint-Amour. In ihrer Vielschichtigkeit ist sie durchaus instruktiv.

Es gibt in ihr fünf Protagonisten: die Bettelorden und ihre Pariser Magister, die Mehrheit der weltlichen Magister der Universität, den Heiligen Stuhl, den König von Frankreich, die Studenten.

Auf dem Höhepunkt des Kampfes veröffentlichte der weltliche Magister Guillaume de Saint-Amour in einem ›Die Gefahren der Neuen Zeit‹ betitelten Traktat einen scharfen Angriff auf die Ordensbrüder. Er wurde vom Papst verurteilt und, trotz des starken Widerstands eines Teiles der Universität, verbannt.

Welche Vorwürfe erhoben die weltlichen Magister gegen die Bettelmönche?

In einer ersten Phase, zwischen 1252 und 1254, handelt es sich fast ausschließlich um korporative Vorwürfe. Die Säkularen werfen den Bettelmönchen vor, die universitären Statuten zu verletzen. So bekommen sie beispielsweise Titel in der Theologie und lehren dieses Fach, ohne vorher den Magister Artium errungen zu haben. 1250 haben sie dem Papst die Erlaubnis abgerungen, außerhalb der theologischen Fakultät die *Lizenz* vom Kanzler von Notre-Dame zu erhalten. Sie beanspruchen und besetzen tatsächlich zwei Lehrstühle, während die Statuten ihnen nur einen (von vieren) zugestehen; und vor allem brechen sie die universitäre Solidarität, indem sie weiterlehren, wenn die Universität in den Streik getreten ist. Sie haben das 1229 bis 1231 getan, dann nochmals 1253, obwohl der Streik ein vom Papst anerkanntes und in den Statuten festgeschriebenes Recht ist. Im übrigen, fügen die weltlichen Magister hinzu, sind sie keine wirklichen Universitätsangehörigen; sie treten in unlauteren Wettbewerb mit der Universität: Sie vereinnahmen die Studenten und führen viele zum Mönchtum; da sie von Almosen leben, verlangen sie kein Geld für die Vorlesungen und fühlen sich auch sonst nicht an die materiellen Forderungen der Universitätsangehörigen gebunden.

Das sind die wahren Vorwürfe der Säkularen. Sie sind weitreichend, und sie sind bezeichnend. Den Universitätsangehörigen ist schnell bewußt geworden, daß die Zugehörigkeit zu einem Orden, wenn auch neuen Stils, unvereinbar ist mit der Zugehörigkeit zu einer Körperschaft, wie klerikal und eigenständig sie auch immer sein mochte.

Intellektuelle ohne die eigentliche Grundausbildung – die der Fakultät der Künste –, für die der Lebensunterhalt kein Problem darstellt und das Streikrecht keinerlei Bedeutung hat, das sind keine wahren Intellektuellen.

Das sind keine wissenschaftlichen Arbeiter, denn sie leben nicht von der Lehre.

Papst Innozenz IV. ging zumindest auf einen Teil dieser Argumente ein; er war von der Verletzung der Universitätsstatuten durch die Bettelmönche betroffen und schrieb ihnen am 4. Juli 1254 vor, sie einzuhalten, und am darauffolgenden 20. November schränkte er in der Bulle ›Etsi animarum‹ die Privilegien der beiden Orden ein.

Doch sein Nachfolger, Alexander IV., der sich als Kardinal schützend vor die Franziskaner gestellt hatte, hob die Bulle seines Vorgängers bereits am 22. Dezember durch die Bulle ›Nec insolitum‹ auf, und am 14. April 1255 sanktionierte er in der neuen Bulle ›Quasi lignum vitae‹ den vollständigen Triumph der Bettelmönche über die Universitätsangehörigen.

Der Kampf flammte erneut auf, wurde härter, verschob sich auf eine andere Ebene: Er war nicht mehr korporativ, sondern dogmatisch. Die weltlichen Magister, an erster Stelle Guillaume de Saint-Amour, sodann Schriftsteller wie Rutebeuf (in Gelegenheitsgedichten) und Jean de Meung (im ›Rosenroman‹) griffen die Orden in den Grundlagen ihrer Existenz und ihres Glaubensideals an.

Man beschuldigt die Bettelmönche, die Aufgaben des Klerus, vor allem Beichte und Begräbnis, unrechtmäßig zu übernehmen, Scheinheilige zu sein, die nach Vergnügen, Reichtum und Macht streben – die berühmte »Heuchelei« im ›Rosenroman‹ ist Franziskaner –, und schließlich beschuldigt man sie der Ketzerei: Ihr Ideal der evangelischen Armut widerspricht Christi Lehre und droht der Kirche den Untergang an. Argumentiert wird polemisch: Die Säkularen ziehen als Beweis die bekannten Prophezeiungen des bei einem Teil der Franziskaner sehr beliebten Joachim von Fiore heran, der für das Jahr 1260 den Anfang eines neuen Zeitalters vorausgesagt hatte, in dem die jetzige Kirche durch eine neue, auf dem Gesetz der Armut beruhende ersetzt würde. Die Weiterentwicklung der joachimitischen Ideen durch den Franziskaner Gerhard von Borgo

San Donnino in seiner 1254 veröffentlichten ›Einführung in das Ewige Evangelium‹ verschafft der Sache der Säkularen neuen Zündstoff.

Die Säkularen übertrieben zweifellos. Verleumdungen, Ränke, die nur die Orden in Mißkredit zu bringen beabsichtigten, schaden ihrer Sache. Was die grundlegenden Argumente angeht, so weisen der heilige Bonaventura und der heilige Thomas von Aquin selbst, den man kaum einer feindseligen Haltung gegenüber den Universitäten bezichtigen kann, sie zurück.

Die Angelegenheit hatte also ihre peinlichen Seiten. Die meisten Päpste waren nur zu glücklich, Entscheidungen fällen zu können, die die ihnen treu ergebenen Orden zufriedenstellten und gleichzeitig die Universitäten enger an sie ketteten; sie brachen den Widerstand der Säkularen. Ludwig der Heilige, der König von Frankreich, stand ganz auf der Seite der Franziskaner und unternahm daher nichts. Rutebeuf warf ihm erbittert vor, ein Spielzeug in den Händen der Bettelmönche zu sein und sein Königreich, für das die universitären Rechte von höchster Bedeutung waren, nicht zu verteidigen. Die Studenten scheinen gezögert zu haben; viele waren angetan von den Vorzügen des Unterrichts der Bettelmönche und mehr noch vom Glanz ihrer Persönlichkeiten sowie von verschiedenen neuen Aspekten ihrer Doktrin. Dieses Paradox brachte Verwirrung in den Konflikt und macht ihn für die Historiker schwer durchschaubar.

Der neue Geist ist in diesem Kampf auf beide Parteien verteilt. Einerseits war den Bettelmönchen der korporative Aspekt, der die Grundlage der intellektuellen Bewegung bildete, fremd; sie zerstörten in ihren gesellschaftlichen und wirtschaftlichen Grundlagen die Hoffnung einer neuen Klasse von intellektuellen Arbeitern. Doch sie lebten in der Stadt, mitten unter den neuen Klassen und kannten deren intellektuelle und geistige Bedürfnisse besser. Die hervorragendsten Vertreter der Scholastik waren Bettelmönche, und es war ein Dominikaner, der heilige Thomas von Aquin, der die Scholastik auf ihren Höhepunkt geführt hat. Durch den Kompromiß am Ende seines Pontifikats hätte Innozenz IV. das Ferment der Bettelmönche innerhalb der universitären Körperschaft halten können, die ihrerseits weiterhin selbst über ihre Zukunft bestimmt hätte. Seine Nachfolger haben es nicht vermocht.

In seiner neuen Form offenbart der Kampf die ganze Gegensätzlichkeit zwischen dem universitären Geist und einem ganz wesentlichen Aspekt des mönchischen Ideals, den die Bettelorden wiederaufgenommen, neu belebt, aber auch auf die Spitze getrieben haben.

Die Frage der Armut ist in der Tat ein zentrales Problem, das auf beiden Seiten die Geister scheidet. Die Armut entspringt jener Askese, die eine Ablehnung der Welt ist, voll Pessimismus gegenüber Mensch und Natur. Bereits aus diesem Grund gerät sie in Konflikt mit dem humanistischen und naturalistischen Optimismus der Mehrheit der Universitätsangehörigen. Doch vor allem ist bei den Dominikanern und den Franziskanern das Betteln die konsequente Folge der Armut. Dem stellen sich die Intellektuellen kategorisch entgegen. Ihrer Meinung nach kann man nur von seiner Arbeit leben. In dieser Hinsicht vertreten sie die Haltung aller Arbeiter ihrer Zeit, die in ihrer Mehrheit, trotz gegenteiliger Aussagen, wegen des Bettelns gegen die neuen Orden waren. Die Botschaft des heiligen Dominikus und des heiligen Franziskus wurde dadurch entwertet. Es war schwierig, einen Zustand als Ideal hinzustellen, der derart dem Elend glich, dem die ganze werktätige Menschheit gerade zu entrinnen suchte. Jean de Meung sagt: »Ich kann versichern, daß in keinem Gesetz, zumindest nicht in unserem, steht, daß man Christus und seine Jünger, als sie über die Erde wandelten, jemals um ihr Brot hätte betteln sehen: sie wollten nicht betteln (das lehrten ehemals die Theologen in Paris).

...Ein gesunder Mann muß, wenn er keinen Unterhalt hat, sein Leben mit seiner Hände Arbeit verdienen, auch wenn er religiös ist oder Gott dienen will... Der heilige

Paulus befahl den Aposteln zu arbeiten, um sich das Notwendige zu beschaffen. Er untersagte ihnen die Bettelei mit den Worten: ›Lebt von Eurer Hände Werk und treibt nie bei anderen ein.‹«

Auf dieser Ebene weitete sich der Streit zum Kampf zwischen dem weltlichen Klerus und der Ordensgeistlichkeit aus. Die universitären Probleme wurden in den Hintergrund gedrängt. Dennoch mußten die Pariser Magister, die in dieser Sache schon so viel verloren hatten und die, wenn auch nicht immer mit den richtigen Waffen, so doch immerhin für die Definition ihrer besonderen Rolle gekämpft hatten, sich 1290 auf dem Pariser Konzil die folgenden harten Worte des päpstlichen Gesandten, Kardinal Benedetto Gaetani, des späteren Bonifaz VIII. sagen lassen:

»Ich möchte hier all diese Pariser Magister sehen, deren Dummheit in dieser Stadt leuchtet. Mit närrischer Vermessenheit und schuldhafter Verwegenheit haben sie sich das Recht herausgenommen, das besagte Privileg zu interpretieren. Haben sie wirklich gedacht, die römische Kirche hätte ein so bedeutendes Privileg unüberlegt vergeben? Wußten sie denn nicht, daß die römische Kurie keine Feder- sondern Bleifüße hat? Alle diese Magister bilden sich ein, sie stünden als Gelehrte bei uns in gewaltigem Ansehen; im Gegenteil, wir sehen sie als Dumme unter den Dummen an, sie, die sie sich selbst und die ganze Welt mit dem Gift ihrer Doktrin infiziert haben... Es ist inakzeptabel, daß auch nur irgendein Privileg, das der Heilige Stuhl verliehen hat, durch die Spitzfindigkeiten der Magister zunichte gemacht werden kann.

Magister von Paris, Ihr habt Eure ganze Wissenschaft und Eure Lehre der Lächerlichkeit preisgegeben, und Ihr tut das auch weiterhin... Da *uns* die christliche Welt anvertraut wurde, müssen wir nicht etwa das berücksichtigen, was Euren Klerikerlaunen gefallen könnte, sondern das, was von Nutzen für das gesamte Universum ist. Ihr glaubt vielleicht, Ihr genösset bei uns eine hohe Reputation; doch wir halten Euren Ruhm nur für Dummheit und Rauch… Wir untersagen hiermit unter Androhung des Entzugs aller Ämter und Benefizien und in Berufung auf die Pflicht zum Gehorsam allen Magistern, hinfort öffentlich oder privat über das Privileg der Geistlichen zu predigen, zu diskutieren oder es zu determinieren… Rom würde eher die Universität von Paris zerschlagen als das Privileg annullieren. Wir sind nicht von Gott berufen worden, um uns die Wissenschaft anzueignen oder vor den Augen der Menschen zu glänzen, sondern um unsere Seelen zu retten.

Und da das Verhalten und die Lehre der Brüder viele Seelen retten, wird ihnen das gewährte Privileg für immer erhalten bleiben.«[1]

Hatten die Universitätsangehörigen etwa keine Seelen gerettet? Hatte ihr Unterricht diese Verleumdungen verdient? Der künftige Bonifaz VIII. wußte sich bereits Feinde zu schaffen.

Widersprüche innerhalb der Scholastik
Die Gefahr der Nachahmung der Alten

Es bestanden innerhalb der Scholastik auch schwerwiegende und krisenträchtige Widersprüche.

Bei aller Rationalität basierte der scholastische Geist doch auf dem antiken Denken, und es gelang den Scholastikern nicht immer, sich davon freizumachen, das heißt, die Probleme nicht in einem vergangenen, historischen Kontext zu sehen, sondern sie in einen modernen zu transponieren. Sogar der heilige Thomas von Aquin war gele-

[1] Dieser Text wurde von P. Glorieux in einem Artikel mit dem Titel: Prélats français contre religieux mendiants – Autour de la bulle ›Ad fructus uberes‹ (1281–1290) zitiert; er erschien in der Revue d'Histoire de l'Eglise de France, 1925. Glorieux unterscheidet seinerseits drei Phasen: die universitäre Opposition (1252–1259), die doktrinale Opposition (1256–1271) und die bischöfliche Opposition (1282–1290).

gentlich Gefangener des Aristoteles. Es bestand ja immerhin ein gewisser Widerspruch darin, das Christentum und seine Bedeutung für die jetzige Zeit mit Hilfe von Doktrinen erklären zu wollen, die aus einer Epoche stammten, als es das Christentum überhaupt noch nicht gab.

Es gäbe zahlreiche Beispiele; wir wollen uns auf drei beschränken.

Wie wir bereits gesehen haben, gab es nichts Wichtigeres für die Universitätsangehörigen, als ihre Arbeit zu definieren, jedenfalls seit sie selbst sich als Arbeiter verstanden. Für die Menschen der Antike war Arbeit aber im wesentlichen manuelle Arbeit, Sklavenarbeit, durch deren Ausbeutung die antiken Gesellschaften überhaupt nur leben konnten; folglich war sie verachtet. Der heilige Thomas übernimmt von Aristoteles die Theorie von der versklavten Arbeit, und Rutebeuf, der ärmste der Studentendichter, erklärt voll Stolz: »Ich bin kein Hand-Werker.«

Die Scholastik hat der Handarbeit ihren Platz nicht einzuräumen gewußt – ein zentraler Fehler, denn indem sie die privilegierte Arbeit des Intellektuellen isolierte, beteiligte sie sich selbst am Untergraben der Grundlagen des universitären Standes und trennte gleichzeitig den Intellektuellen von den anderen Arbeitern, mit denen er sich beim städtischen Aufbau solidarisch fühlte.

Der Beruf des Intellektuellen war ein Metier des geistigen Wagemuts und der leidenschaftlichen Neugier; es brachte dem Intellektuellen, auch wenn er verstehen mußte, Maß zu halten, keinerlei Gewinn, von den Alten eine Moral der Mittelmäßigkeit zu übernehmen, die aus dem μηδὴν 'αγαν der Griechen die *aurea mediocritas* des Horaz abgeleitet hatte. Und doch predigte die Scholastik oft eine Moral der goldenen Mitte, ein Zeichen von Verbürgerlichung und spießiger Beschränktheit. Im ›Roman de la Rose‹ heißt es: »Der Anspruchslose begnügt sich (vorausgesetzt er hat sein tägliches Auskommen) mit seinem Arbeitslohn und denkt nicht, daß ihm etwas fehle... Die goldene Mitte heißt Genügsamkeit; hier findet sich die

Fülle der Tugenden.« So verengt sich der Horizont, jeder fruchtbare Ehrgeiz verkümmert.

In der dynamischen Welt des 13. Jahrhunderts, in der die Scholastik ihr Werk einheitlich aufbaut, gelingt es ihr dennoch nicht, sich von der antiken Theorie der Kunst als Nachahmung der Natur zu lösen, einer Theorie, die die Schöpferkraft der menschlichen Arbeit verkennt und behindert.

Jean de Meung sagt: »Die Kunst bringt keine wahren Formen hervor. Sie kniet andächtig vor der Natur und bittet sie inständig, wie ein Bettler, dem Wissen und Können fehlen und der doch begierig ist, sie nachzuahmen, sie möge sie lehren, die Wirklichkeit in ihren Gestalten einzufangen. Sie beobachtet, wie die Natur arbeitet, denn nur allzu gerne möchte sie ein ebensolches Werk hervorbringen; sie äfft sie nach, jedoch ihr schwaches Talent kann nichts Lebendiges schaffen und sei es noch so naiv...« Hier schickt die Kunst sich leider an, zur Photographie zu verkommen.

Die Versuchungen des Naturalismus

Die Scholastik sucht die Verbindung zwischen Gott und Natur; doch der Naturalismus der Intellektuellen kann sich in viele Richtungen entwickeln. Die Tradition der Goliarden, die nach wie vor an der Universität lebendig ist, setzt sich fort, mit urwüchsiger Kraft, nicht mehr ganz so aggressiv, dafür selbstsicherer. Bei Jean de Meung wie bei Alanus ab Insulis begnügen sich Natur und Genius nicht mit Seufzen. Der zweite Teil des ›Rosenromans‹ ist eine Hymne an die unerschöpfliche Fruchtbarkeit der Natur, eine leidenschaftliche Aufforderung, ihren Gesetzen uneingeschränkt zu folgen, ein Aufruf zu hemmungsloser Sexualität. Die Ehe kommt hier schlecht weg. Die von ihr auferlegten Einschränkungen werden ebenso als naturwidrig angeprangert wie die Sodomie.

»Die Ehe ist eine hassenswerte Bindung ... Die Natur ist doch nicht so blöde, daß sie Marotte nur für Robichon in die Welt setzt, noch Robichon für Mariette, oder Agnes, oder Perrette; zweifle nicht, schönes Kind, sie hat uns alle für alle bestimmt.«

Und dann die berühmte Tirade im Stile Rabelais': »Um Gottes willen, ihr Herren, hütet Euch, bessere Leute nachzuahmen; folgt unbedenklich der Natur; ich vergebe Euch alle Sünden, wenn Ihr nur ordentlich am Werk der Natur arbeitet. Seid schneller als das Eichhörnchen und leichter als der Vogel, rührt Euch, springt, werdet nicht kalt und nicht träge, setzt alle Eure Werkzeuge in Bewegung. Akkert für Gott, Barone, pflügt und erneuert Eure Stammlinien. Rafft Eure Kleider hoch, um den Wind zu genießen, oder, wenn es Euch beliebt, zieht Euch nackt aus, doch es sei Euch weder zu warm noch zu kalt; erhebt mit beiden Händen die Sterze Eurer Pflüge...« Das weitere ist zu unanständig.

Diese überbordende Vitalität bietet dem Feind die Stirn: dem Tod. Doch wie der Phönix entsteigt der Mensch immer wieder der Asche. Nach dem Durchritt des Sensenmanns bleiben immer noch Überlebende. »Auch wenn der Tod den Phönix verschlingt, besteht der Phönix weiter; und hätte der Tod tausend von ihnen verschlungen, wäre der Phönix dennoch bestehen geblieben. Dieser Phönix ist die Form schlechthin, die die Natur in den Individuen immer wieder hervorbringt; sie ginge gänzlich verloren, wenn sie dem andern nicht zu leben ermöglichte. Alle Wesen der Welt haben dasselbe Privileg: solange eines von ihnen bestehen bleibt, wird die ganze Gattung in ihm weiterleben, und der Tod wird sie niemals erreichen...« Wo bleibt bei dieser Herausforderung des Todes durch die Natur, in diesem Epos von der immer wieder auferstehenden Menschheit, in diesem Vitalismus à la Diderot, das Christliche? Welcher Platz wird dem *Memento quia pulvis es et in pulverem reverteris* eingeräumt?

Dieser Naturalismus kann sich auch zu einer Gesellschaftstheorie à la Rousseau entwickeln. In seiner Beschreibung des goldenen und des darauffolgenden eisernen Zeitalters stellt Jean de Meung jede soziale Hierarchie, jede gesellschaftliche Ordnung als ein Übel dar, das das Paradies der ursprünglichen Gleichheit, in dem es keinen Besitz gab, ersetzt hat. »Also mußte jemand gefunden werden, der die Hütten bewachen, die Übeltäter ausrotten und den Klägern Gerechtigkeit verschaffen konnte und dessen Autorität niemand anzufechten wagte; sie versammelten sich also, ihn zu erwählen. Sie wählten einen kräftigen Kerl, den knöchrigsten, vierschrötigsten und stärksten, den sie finden konnten, und machten aus ihm ihren Fürsten und Herrn. Er schwor, das Recht zu wahren und ihre Hütten zu verteidigen, unter der Bedingung, daß ihm jeder einzelne von seinen Gütern etwas zum Leben gebe, und sie willigten ein. Er hatte sein Amt lange Zeit inne. Doch die schlauen Diebe rotteten sich zusammen, wenn sie sahen, daß er allein war, und oft, wenn sie anderer Leute Güter stahlen, mißhandelten sie ihn. Daher mußte das Volk erneut zusammengerufen und jedem eine Abgabe auferlegt werden, damit dem Fürsten Offiziere hinzugesellt werden konnten. Sie besteuerten sich also gemeinsam, zahlten ihm Renten und Tribute und gestanden ihm große Ländereien zu. Das ist der Ursprung der Könige und des Landadels. Wir wissen es durch die Schriften der Alten, die uns diese Tatsachen aus dem Altertum überliefert haben, und wir können ihnen dafür gar nicht dankbar genug sein.«

Das schwierige Gleichgewicht zwischen Glauben und Vernunft

Aristotelismus und Averroismus

Werden die Intellektuellen des 13. Jahrhunderts das Gleichgewicht zwischen Glauben und Vernunft zu wahren wissen? Darin besteht das aristotelische Abenteuer im 13. Jahrhundert. Obwohl die aristotelische Philosophie etwas ganz anderes bedeutet als das rationale Denken, und die Scholastik sich aus ganz anderen Quellen nährt als der Stagirit[1], geht es eben doch um ihn.

Der Aristoteles des 13. Jahrhunderts ist nicht der des 12. Zunächst ist er vollständiger. Dank einer neuen Generation von Übersetzern kommt zu dem im 12. Jahrhundert vor allem bekannten Logiker der Physiker, der Moralist der ›Nikomachischen Ethik‹, der Metaphysiker. Sodann wird er interpretiert. Er ist von Anfang an mit den Kommentaren der großen arabischen Philosophen, vor allem von Avicenna und Averroës, versehen. Diese haben ihn in ihrer extremen Interpretation so weit wie möglich vom Christentum entfernt.

Nicht ein Aristoteles, sondern mindestens zwei dringen in das Abendland ein: der echte und der des Averroës. In Wirklichkeit sind es sogar noch mehr, denn jeder, oder fast jeder Kommentator hat *seinen* Aristoteles. Doch es schälen sich zwei Tendenzen heraus: die der großen Dominikanerdoktoren, Albertus Magnus und Thomas von Aquin, die Aristoteles und die Heilige Schrift miteinander vereinbaren wollen; und die der Averroisten, die bestimmte Widersprüche zwischen beiden sehen und sie akzeptieren; sie wollen Aristoteles *und* der Heiligen Schrift folgen. Dazu erfinden sie die Lehre von der doppelten Wahrheit: »Die eine ist die der Offenbarung... die andere ist nur die der bloßen Philosophie und der natürlichen Vernunft. Im Konfliktfall sagen wir also einfach: Hier sind die Schlüsse meiner Vernunft als Philosoph, doch da Gott nicht lügen kann, schließe ich mich der von ihm offenbarten Wahrheit an und binde mich durch den Glauben an sie.« Dagegen erklärt Albertus Magnus: »Wenn einer Aristoteles für einen Gott hält, muß er annehmen, daß er sich nicht geirrt hat. Wenn er aber glaubt, daß Aristoteles ein Mensch ist, so kann kein Zweifel daran bestehen, daß er sich, wie wir alle, irren konnte.« Während der heilige Tho-

[1] Nach Stagira in Makedonien, dem Geburtsort des Aristoteles. (A. d. Red.)

mas davon überzeugt ist, daß Averroës »weniger ein Peripatetiker als ein Verfälscher der peripatetischen Philosophie war«, beteuert Siger von Brabant, Leitfigur der Averroisten: »Ich sage, daß Aristoteles die Wissenschaften vollendet hat, denn keiner seiner Nachfolger hat bis heute, das heißt während mehr als fünfzehn Jahrhunderten, seinen Schriften etwas hinzufügen oder in ihnen einen bedeutenden Irrtum finden können... Aristoteles ist ein göttliches Wesen.«

Es gibt starken Widerstand sowohl gegen den Aristotelismus des Albertus Magnus und des heiligen Thomas, als auch gegen den Averroismus. Er kommt von den Augustinern, die der Autorität des Aristoteles die des Platon entgegensetzen. Doch obwohl der heilige Augustinus eine der großen Quellen der Scholastik ist, stellen sich die großen Scholastiker entschlossen dem auf den Platonismus gestützten Neo-Augustinismus entgegen. Für sie stellt das metaphorische Denken des Akademikers eine ernsthafte Gefahr für die wahre Philosophie dar. Albertus Magnus schreibt: »Wenn Aristoteles die Meinungen Platons widerlegt, so widerlegt er meist nicht die Grundlage, sondern die Form. Platon hatte nämlich eine schlechte Methode, seine Gedanken darzulegen. Alles ist bei ihm bildlich, und er lehrt metaphorisch; er unterstellt den Worten etwas anderes als das, was sie bedeuten, so beispielsweise wenn er behauptet, die Seele sei ein Kreis.« Der Thomismus wendet sich gegen dieses wirre Denken und während des ganzen Jahrhunderts – und der Jahrhunderte – werden Augustiner und Platoniker alle rationalen Erneuerungen bekämpfen und konservative Haltungen verteidigen. Im 13. Jahrhundert besteht ihre Taktik hauptsächlich darin, Aristoteles gegen Averroës, den heiligen Thomas gegen Aristoteles und dadurch gegen Averroës auszuspielen. Über den Averroismus wird immer der Thomismus angegriffen.

Das Jahrhundert ist von anti-aristotelischen Angriffen durchzogen, die jeweils universitäre Krisen sind.

Ab 1210 ist das Lehren der ›Physik‹ und der ›Metaphysik‹ des Aristoteles an der Universität von Paris verboten. 1215 und 1228 wird das Verbot vom Heiligen Stuhl erneuert. Doch von ihrer Gründung im Jahre 1229 an gibt die sehr orthodoxe Universität von Toulouse, um Hörer anzuziehen, bekannt, daß hier die in Paris verbotenen Werke gelehrt werden. In Wahrheit stehen die Verbote auch in Paris nur auf dem Papier. Die verurteilten Bücher stehen durchaus auf den Programmen. Die bewundernswerte thomistische Konstruktion scheint das Problem gelöst zu haben, doch die averroistische Krise wird alles wieder in Frage stellen. Einige Magister der Fakultät der Künste, an ihrer Spitze Siger von Brabant und Boethius von Dacien, lehren die extremistischen, über Averroës erfaßten Thesen des Philosophen – Aristoteles ist zum Philosophen schlechthin geworden. Außer der doppelten Wahrheit lehren sie die Ewigkeit der Welt – eine Lehre, die die Schöpfung leugnet –, behaupten, Gott sei nicht die wirkende, sondern nur die Zweckursache aller Dinge und sprechen ihm die Fähigkeit ab, das zukünftige Zufällige vorauszuwissen. Schließlich bekräftigen einige von ihnen – ob Siger dazugehört, ist nicht sicher – die Auffassung vom Intellekt als wirkender Kraft und leugnen damit die individuelle Seele.

Der Bischof von Paris, Etienne Tempier, hatte schon 1270 die Averroisten verurteilt, und der heilige Thomas hatte sich auf Distanz zu ihnen gehalten und sie seinerseits stark angegriffen. Nach seinem Tod im Jahre 1274 wurde zu einer großen Offensive gegen den Aristoteles geblasen. Sie gipfelte in der 1277 vom Bischof von Paris, Etienne Tempier, und vom Erzbischof von Canterbury, Robert Kilwardby, ausgesprochenen doppelten Verurteilung.

Etienne Tempier hatte eine Liste von 219 Lehrsätzen aufgestellt und sie als ketzerisch verurteilt. Es war eine bunte Mischung. Neben den im engen Sinne averroistischen Thesen betrafen etwa zwei Dutzend Lehrsätze mehr oder weniger direkt die Lehre des heiligen Thomas von Aquin, andere beriefen sich auf Meinungen aus extremistischen Kreisen – den Nachfahren der Goliarden –, die die Averroisten teilweise übernommen hatten:

18: Die zukünftige Auferstehung dürfe vom Philosophen nicht vertreten werden, da es unmöglich sei, die Sache rational zu untersuchen.
152: Die Theologie sei auf Fabeln gegründet.
155: Man brauche sich nicht um sein Begräbnis zu sorgen.
168: Die Enthaltsamkeit an sich sei keine Tugend.
169: Der völlige Verzicht auf die Werke des Fleisches verderbe die Tugend und das menschliche Geschlecht.
174: Das christliche Gesetz habe seine Fabeln und seine Irrtümer wie die anderen Religionen.
175: Es sei ein Hindernis für die Wissenschaft.
176: Das Glück sei von dieser Welt und nicht von einer anderen.

Dieser »Syllabus« rief heftige Reaktionen hervor. Der Dominikanerorden berücksichtigte ihn überhaupt nicht. Aegidius von Rom erklärte: »Man braucht sich nicht darum zu kümmern, denn diese Sätze wurden nicht von der einberufenen Vollversammlung aller Pariser Magister aufgestellt, sondern auf Antrag einiger bornierter Köpfe.«

Ein weltlicher Magister der theologischen Fakultät, Gottfried von Fontaines, unterzog die Liste einer detaillierten und unerbittlichen Kritik. Er forderte die Streichung der unsinnigen Artikel, sodann derer, deren Verbot den wissenschaftlichen Fortschritt behindern könnte, und derer, über die unterschiedliche Meinungen erlaubt waren.

Obwohl die Verbote kaum eingehalten wurden, wurde die averroistische Partei dennoch ihrer Köpfe beraubt. Siger von Brabant starb zweifellos im Elend. Sein Ende ist geheimnisumwittert. Er soll in Italien eingekerkert und ermordet worden sein. Diese rätselhafte Gestalt wurde durch Dante unsterblich, der ihn neben den heiligen Thomas und den heiligen Bonaventura ins Paradies setzte.

Essa è la luce eterna di Sigeri
Che, leggendo nel vico degli strami,
Silloggizzo invidiosi veri.

Es ist die ewige Leuchte des Sigerus,
Der einstens in der Rue de Fouarre
Mit scharfem Geiste bittre Wahrheit lehrte.[1]

Dieser nur wenig bekannte Siger ist repräsentativ für einen noch weniger bekannten Gelehrtenkreis, der zeitweise die Seele der Pariser Universität war.

Er vertritt nämlich die Meinung der Mehrheit der Fakultät der Künste, die, in welchem Ruf sie auch immer gestanden haben mag, das Salz und die Hefe der Universität war und ihr oft ihren Stempel aufdrückte.

An ihr wird die Grundausbildung vermittelt, dort entsteht ein großer Teil der leidenschaftlichen Diskussionen, der kühnsten Wißbegier und des fruchtbarsten Gedankenaustauschs.

Dort trifft man auf die armen Kleriker, die nicht bis zur Lizenz, noch weniger bis zum teuren Doktorat vorstoßen und die doch die Debatten mit ihren rastlosen Fragen beleben. Dort steht man dem Volk der Städte, der Außenwelt am nächsten, schert sich am wenigsten darum, Pfründe zu erlangen oder das Mißfallen der kirchlichen Hierarchie zu erregen, dort ist der laizistische Geist am lebendigsten, dort ist man am freiesten. Dort trägt der Aristotelismus alle seine Früchte. Dort beweint man den Tod des Thomas von Aquin als unersetzlichen Verlust. Die *Artisten* sind es, die in einem bewegenden Brief die sterblichen Überreste des großen Gelehrten vom Dominikanerorden anfordern. Der berühmte Theologe war einer der ihren.

Im averroistischen Milieu der Fakultät der Künste bildet sich das strenge Ideal des Intellektuellen heraus. Boethius von Dacien versichert: »Die Philosophen« – so wurden die

[1] Übersetzt von Hermann Gmelin.

Intellektuellen genannt – »sind von Natur aus tugendhaft, keusch und maßvoll, gerecht, stark und liberal, besonnen und großmütig, hervorragend, den Gesetzen untertan, unempfänglich gegenüber den Verlockungen der Lustbarkeiten...«, die gleichen Intellektuellen, die zu seiner Zeit »aus Bosheit, Neid, Unbildung und Dummheit« verfolgt werden.

Großmütig. Das große Wort ist ausgesprochen. Wie R.-A. Gauthier[1] so ausgezeichnet geschildert hat, findet man bei diesen Intellektuellen jenes höchste Ideal der Großmut, die bereits bei Abaelard eine Grundtugend, »die Leidenschaft der Hoffnung« war. Sie ist »Begeisterung für die menschlichen Aufgaben, Tatkraft im menschlichen Schaffen, Vertrauen in die menschlichen Fertigkeiten, die im Dienst des menschlichen Schaffens der einzige Garant für die Erfüllung der menschlichen Aufgaben sind.« Sie ist ein »typisch weltlicher Spiritualismus, geschaffen für Menschen, die der Welt verhaftet bleiben, die Gott zwar suchen, aber nicht mehr unmittelbar, wie die mönchischen Spiritualisten, sondern über den Menschen und über die Welt«.

Das Verhältnis zwischen Verstand und Erfahrung

Es gibt auch noch andere Bereiche, die schwer in Einklang zu bringen sind, etwa Verstand und Erfahrung, oder Theorie und Praxis.

Der erste Vermittlungsversuch kommt von der englischen Schule, mit dem großen Gelehrten Robert Grosseteste, Kanzler der Universität Oxford und Bischof von Lincoln, und dann mit einer Gruppe von Franziskanern aus Oxford, aus der Roger Bacon hervorgeht. In seinem ›Opus maius‹ definiert Roger Bacon das Programm: »Die

[1] *Magnanimité. L'idéal de la grandeur dans la philosophie païenne et dans la théologie chrétienne.* 1951.

Lateiner haben die wissenschaftlichen Grundlagen für das Studium der Sprachen, der Mathematik und der Erkenntnistheorie geschaffen; ich möchte mich nun den Grundlagen zuwenden, die die Erfahrungswissenschaften geliefert haben, denn ohne Erfahrung kann man nichts in ausreichendem Maße wissen... Wenn jemand, der noch nie Feuer gesehen hat, durch Überlegen nachweisen will, daß Feuer brennt, die Dinge verändert und zerstört, so wird sich sein Zuhörer damit nicht zufriedengeben und wird sich nicht vor dem Feuer hüten, bevor er nicht seine Hand oder etwas Brennbares ins Feuer gelegt hat, um anhand der Erfahrung nachzuweisen, was die Theorie ihn gelehrt hat. Ist die Erfahrung einmal gemacht, so hat der Geist Gewißheit erlangt und ruht sich im Licht der Wahrheit aus. Das heißt, die verstandesmäßige Überlegung reicht nicht aus; es bedarf der Erfahrung.« Hier ist die Scholastik dabei, sich selbst zu verleugnen, das Gleichgewicht ist kurz davor, zerstört zu werden, der Empirismus bricht durch.

Das Verhältnis zwischen Theorie und Praxis

Es sind die Ärzte mit den Chirurgen und den Augenoptikern, die die Notwendigkeit einer Verbindung von Theorie und Praxis bekräftigen. Averroës sagt: »Wenn die Chirurgie nur durch die Praxis gelernt und ohne vorheriges theoretisches Studium ausgeübt wird, so ist sie, wie die Chirurgie der Bauern und all der Analphabeten, ein rein mechanisches Handwerk; sie basiert auf keiner rechten Theorie und ist in Wahrheit weder eine Wissenschaft noch eine Kunst.« Auf der anderen Seite bestätigt er aber auch: »Nach dem theoretischen Studium muß sich der Arzt gewissenhaft der praktischen Arbeit widmen. Die Vorlesungen und Abhandlungen vermitteln nur einen kleinen Teil der Chirurgie und der Anatomie. Es gibt wirklich nur wenig in diesen beiden Wissenschaften, was man durch Reden vermitteln kann.«

Doch läuft die Scholastik nicht Gefahr, einer ihrer Hauptversuchungen, der Abstraktion, zu verfallen?

Ihre Sprache, das Latein, bleibt zwar eine lebende Sprache, denn sie paßt sich den Bedürfnissen der zeitgenössischen Wissenschaft an und muß alle Neuerungen ausdrükken, doch sie verzichtet auf die Bereicherungen durch die in vollem Aufschwung befindlichen Umgangssprachen und entfernt die Intellektuellen von der Masse der Laien, ihren Problemen und Gemütsverfassungen. Den abstrakten und ewigen Wahrheiten verhaftet, läuft die Scholastik Gefahr, den Kontakt zur Geschichte, zum Zufälligen, zu Wandel und Veränderung zu verlieren. Wenn der heilige Thomas sagt: »Ziel der Philosophie ist es nicht zu wissen, was die Menschen gedacht haben, sondern die Wahrheit der Dinge zu erkennen«, so lehnt er zwar zu Recht eine Philosophie ab, die lediglich eine Geschichte des philosophischen Denkens wäre; aber verkürzt er nicht das Denken um eine ganze Dimension?

Eines der großen Risiken für die scholastischen Intellektuellen besteht darin, eine intellektuelle Technokratie zu bilden. Ende des 13. Jahrhunderts hamstern die universitären Magister hohe kirchliche und weltliche Ämter. Sie werden Bischöfe, Archidiakone, Stiftsherren, Ratsherren, Minister. Es ist das Zeitalter der Doktoren, Theologen und Rechtsgelehrten. Ein universitäres Freimaurertum träumt davon, die Christenheit zu leiten. Mit Jean de Meung und Boethius von Dacien erklärt es, daß »der Intellektuelle mehr als ein Fürst, mehr als ein König ist«. Roger Bacon ist sich bewußt, daß die Wissenschaft eine kollektive Arbeit sein soll, er denkt an ein riesiges Gelehrtenteam und möchte ebenfalls, daß neben den weltlichen Herrschern die Universitätsangehörigen die Geschicke der Welt lenken. Er fleht den Papst an, die Initiative zur Zusammenstellung dieser Führungskohorte zu ergreifen. Anläßlich des 1264 Pest und Krieg ankündigenden Kometen ruft er aus: »Wie nützlich wäre es für die Kirche gewesen, wenn jetzt die Beschaffenheit des Himmels von Gelehrten erkundet und den Prälaten und Fürsten bekanntgegeben worden wäre... Es hätte weder ein solches Massensterben noch so viele zur Hölle gefahrene Seelen gegeben.«

Ein frommer Wunsch, hinter dem sich eine äußerst gefährliche Utopie verbirgt. Auch dem Intellektuellen muß man sagen: *sutor, ne supra.* Zwar stimmt es, daß die Wissenschaft in Politik mündet, doch ist es selten gut, wenn der Gelehrte als Politiker endet.

Dritter Teil
Vom Universitätsangehörigen zum Humanisten

Das ausgehende Mittelalter ist eine Zeit der Wende. Der Stillstand des demographischen Aufschwungs, dann seine durch Hungersnöte und Pestepidemien – wie etwa 1348 – erfolgte Umkehrung haben katastrophale Folgen. Die Störungen, die bei der Versorgung der abendländischen Wirtschaft mit Edelmetallen auftreten, rufen eine Silber- und dann Goldnachfrage hervor, die noch verschärft wird durch die Kriege: Hundertjähriger Krieg, Rosenkriege, iberische Kriege, italienische Kriege. All dies beschleunigt die Umwälzung der wirtschaftlichen und gesellschaftlichen Strukturen des Abendlands. Die Entwicklung der Feudalrente, die in großem Maß monetäre Formen annimmt, erschüttert die sozialen Verhältnisse. Es entsteht ein Graben zwischen den Opfern und den Nutznießern dieser Entwicklung. Die Trennungslinie verläuft mitten durch die städtischen Schichten. Während das nunmehr stärker ausgebeutete Handwerk sich mancherorts (in Flandern, Norditalien, in den Großstädten) in gewisser Weise proletarisiert und die gleichen Lebensbedingungen wie die Bauernmassen erhält, verschmelzen die oberen Schichten der städtischen Bourgeoisie, die gleichzeitig von aufkommenden vorkapitalistischen Tätigkeiten und neu einverleibten Grundrenten leben, mit den alten herrschenden Klassen: dem Adel, der Ordensgeistlichkeit und dem hohen Säkularklerus, denen es überwiegend gelingt, die labilen Verhältnisse zu ihren Gunsten zu wenden. Bei dieser Sanierung spielen die politischen Faktoren eine zentrale Rolle. Die politische Macht eilt den wirtschaftlichen Kräften zu Hilfe. Sie wird das Ancien Régime jahrhundertelang aufrechterhalten. Es ist das Zeitalter der Fürsten. Man muß ihm dienen, zu seinem Beamten oder Höfling werden, um Reichtum, Macht und Ruhm zu erlangen. Die alten Machthaber haben das begriffen und verbünden sich mit Tyranneien und Monarchien, während sich neue, vom Fürsten begünstigte Männer ganz unauffällig unter sie mischen. Vor diesem Hintergrund tritt der mittelalterliche Intellektuelle von der Bühne ab. Eine neue Figur tritt in den Vordergrund der kulturellen Szene: der Humanist. Und dieser gibt seinem untergehenden Vorgänger nur den letzten Stoß. Der aber wurde nicht ermordet; er hat zu diesem Tod und dieser Metamorphose selbst beigetragen. Die große Mehrheit der Universitätsangehörigen hat im Laufe des 14. und 15. Jahrhunderts dem Verschwinden des mittelalterlichen Intellektuellen durch Selbstverleugnung den Weg bereitet.

Die Entwicklung der Vermögensverhältnisse der Universitätsangehörigen

Der Universitätsangehörige des ausgehenden Mittelalters hat sich endgültig zwischen der Zugehörigkeit zur Arbeitswelt und der Eingliederung in die privilegierten Gruppen entschieden. Jahrhundertelang wird es im Abendland keinen intellektuellen Arbeiter mehr geben. Oder vielmehr: Diesen Namen verdienen allenfalls ein paar unbedeutende Lehrer der Gemeindeschulen, die aber, wenn auch einige von ihnen eine Rolle in den revolutionären Bewegungen spielen, wie zum Beispiel 1378 beim Aufstand der Ciompi in Florenz, keinen nennenswerten Platz in der intellektuellen Bewegung einnehmen.

Gewiß geben die Universitätsangehörigen des 14. und 15. Jahrhunderts ihr Einkommen aus der entlohnten Arbeit nicht auf. Mehr noch: In diesen schweren Zeiten klammern sie sich erbittert an diese kleinen Profite. Mit verstärkter Habgier verlangen sie die Bezahlung der Vorlesungen von den Studenten – die Kirche hatte sich in diesem Punkt schließlich doch nicht durchsetzen können. Sie vermehren die Vorschriften über die Geschenke, die die Studenten den Magistern anläßlich der Prüfungen machen müssen. Sie begrenzen alle universitären Ausgaben, die zu ihren Lasten gehen könnten. Die Zahl der armen Studenten, die Unterricht und Titel unentgeltlich erwerben können, wird in den Statuten rapide herabgesetzt. Anfang des 15. Jahrhunderts gibt es in Padua nur mehr einen pro Fakultät: Eine theoretische Maßnahme, die das von der Kirche verfochtene Prinzip aufrechterhält. Sie entspricht dem Gottesheller, den der reiche Kaufmann von seinen Gewinnen für die Armen abzweigt.

Gleichzeitig versiegt an den Universitäten der Zustrom von Studenten aus bescheidenen Verhältnissen, die den Gärstoff der Fakultäten gebildet hatten. Es kommen nunmehr nur noch diejenigen unter ihnen dorthin, die ein Schirmherr unterhält, um sie sich zu verpflichten, oder diejenigen, die sich – wie Villon – mit einem Vagabundenleben zufriedengeben, in dem die intellektuellen Ambitionen zweitrangig sind.

Ein merkwürdiger Beschluß der Doktoren des weltlichen Rechts in Padua illustriert, wie sich die Beziehungen zwischen Magistern und Studenten entwickelt haben. Eine aus dem Jahre 1400 stammende Ergänzung der Statuten führt eine Gleitskala der universitären Rechte ein, und zwar im Hinblick auf die Einnahmen der Magister, während die Stipendien der Studenten an eine feste Rate gebunden bleiben. So fügt sich diese universitäre Politik in ein Gesamtphänomen ein, das in der zweiten Hälfte des 14. Jahrhunderts im westlichen Europa auftritt. Angesichts der Preiserhöhungen bemühen sich Verwaltungsbehörden und Arbeitgeber, die Löhne einzufrieren. Sie erkennen keinerlei Verbindung zwischen den Lebenshaltungskosten und den Entlohnungen an, die zur Einführung einer gleitenden Lohnskala führen könnte. Andererseits sind die Nutznießer von Renten, Zins und Pacht oft erfolgreich bei ihrem Versuch, ihr Einkommen den Lebenshaltungskosten anzupassen, indem sie in Naturalleistungen abrechnen oder in Berechnungswährung festgelegte Zahlungen in Realwährung übertragen.

Dieses Beispiel zeigt, daß die Universitätsangehörigen sich auf die Seite der von feudalen bzw. herrschaftlichen oder auch kapitalistischen Einkommen lebenden gesellschaftlichen Gruppen schlagen.

Im übrigen beziehen auch die Universitätsangehörigen ihre Einnahmen mehrheitlich aus derartigen Quellen. Es handelt sich dabei in erster Linie um kirchliche Benefizien, aber auch um Anlagen in Immobilien: Häuser und Ländereien. Das Kartular der Universität von Bologna zeigt insbesondere für das ausgehende 13. Jahrhundert die Konstituierung beträchtlicher universitärer Vermögen an. Die Magister sind zu reichen Grundbesitzern geworden; das gilt zwar besonders für die berühmtesten unter ihnen, die mehr verdienen, aber in geringerem Umfang stimmt es auch für die Mehrheit. Darüber hinaus folgen sie dem Beispiel der anderen Reichen und stürzen sich in die Spekulation. Sie werden zu Wucherern. Vor allem leihen sie den bedürftigen Studenten Geld und behalten als Pfand die für sie selbst doppelt wertvollen Gegenstände: die Bücher.

Franciscus Accursius besitzt Güter in Budrio, in Olmetola sowie eine herrliche Villa ähnlich dem Palazzo Riccardi, mit einem für jene Zeit an ein Wunder grenzenden Wasserrad. In Bologna besitzen er und seine Brüder ein schönes Haus mit Turm, das heute den rechten Flügel des Palazzo comunale bildet. Mit anderen Doktoren ist er in eine Handelsgesellschaft eingetreten, die den Verkauf von Büchern in Bologna und im Ausland betreibt. Er hat derartigen Wucher getrieben, daß er bei seinem Tod von Papst Nikolaus IV. die Absolution erbitten muß; dieser gewährt sie, wie gewöhnlich.

Das gleiche gilt für Alberto von Odofredo, den Sohn des großen Odofredus, der *non paeciol, ma sovrano* (kein kleiner, sondern ein königlicher) Wucherer war und außer viel Grundeigentum auch eine Beteiligung an einem Flachsunternehmen besaß. 1326 gibt Meister Giovanni d'Andrea seiner Tochter Novella die beträchtliche Summe von 600 Goldbolognini zur Mitgift.

Doch durch ihre Umwandlung in Geld und die monetären Wechselfälle des von Abwertungen und Krisen durchzogenen ausgehenden Mittelalters vollziehen diese Einkommen den Wertverlust der Feudal- und Grundrenten mit. Der Reichtum vieler Universitätsangehöriger schwindet, Häuser und Ländereien werden nacheinander verkauft. Also versteift man sich auf das Eintreiben der anderen Gewinne: Honorare von den Studenten, Prüfungsgelder. Daher kommt auch die auf wirtschaftlichen Grundlagen beruhende Erneuerung eines Teils des Universitätspersonals. Darauf beruhen schließlich auch die finanziellen Ursachen, die die Universitätsangehörigen zu den neuen Zentren des Reichtums treiben, zu den Fürstenhöfen und zu den kirchlichen und weltlichen Mäzenen.

Auf dem Weg zu einer erblichen Aristokratie

Die Erneuerung des Personals verzögert sich allerdings durch die Tendenz der Universitätsangehörigen, ihr Amt zu vererben. Bereits im 13. Jahrhundert hatte der berühmte Jurist Accursius für die Söhne von Doktoren ein Vorzugsrecht auf die freiwerdenden Lehrstühle der Universität von Bologna gefordert. Doch die Gemeinde hatte dies 1295, 1299 und 1304 abgelehnt. Der Erfolg war nicht von Dauer. Als 1397 die neuen Statuten des Juristenkollegiums vorschrieben, die Verleihung des Doktorats auf nur einen einzigen Bürger von Bologna pro Jahr einzuschränken, sind die Söhne, Brüder und Neffen der Doktoren hiervon ausgenommen. Das verschafft ihnen reichlichen Freiraum. In Padua verkündet man 1394 per Dekret den unentgeltlichen Eintritt in das Juristenkollegium für jeden Doktor, der der männlichen Stammlinie eines Doktors angehört, selbst wenn eines der Zwischenglieder nicht Doktor war. 1409 wird bestimmt, daß der Sohn eines Doktors unentgeltlich zu den Prüfungen zugelassen werden muß. Diese Entstehung einer universitären Oligarchie trägt dazu bei, das intellektuelle Niveau deutlich zu senken, und verleiht den universitären Kreisen gleichzeitig eines der wesentlichen Merkmale des Adels: die Erblichkeit. Sie werden zu einer Kaste.

Um sich als Aristokratie zu konstituieren, greifen die Universitätsangehörigen, wie Marc Bloch so ausgezeichnet beschrieben hat, auf eines der üblichen, von Gruppen und Individuen zum Eintritt in den Adel angewandten Mittel zurück: Sie führen das Leben von Adligen.

Aus ihrer Kleidung und aus den Attributen ihres Amtes machen sie Adelssymbole. Der immer häufiger mit einem herrschaftlich wirkenden Baldachin ausgestattete Lehrstuhl isoliert, erhebt und verherrlicht sie. Der goldene Ring und die Mütze, das Barett, das man ihnen am Tag des *conventus publicus* oder der *inceptio* überreicht, sind immer weniger Amtszeichen und werden immer mehr zu Prestigesymbolen. Sie tragen den langen Mantel, die Kapuze aus Feh, oft einen Hermelinkragen und über allem jene langen Handschuhe, die im Mittelalter Symbol des gesellschaftlichen Ranges und der Macht sind. Die Statuten verlangen eine immer größere Anzahl von Handschuhen, die die Kandidaten den Doktoren anläßlich der Prüfungen schenken müssen. Ein Text von 1387 aus Bologna legt fest: »Der Kandidat ist verpflichtet, vor seinem Doktorat zu gegebener Zeit beim Küster eine ausreichende Menge Handschuhe für die Doktoren des Kollegiums zu hinterlegen ... Diese Handschuhe müssen lang und weit genug sein, um die Hand bis zur Mitte des Arms zu bedecken. Sie müssen aus gutem Gamsleder und breit genug sein, so daß man die Hände leicht und angenehm hineinstecken kann. Unter gutem Gamsleder ist dasjenige zu verstehen, das man für mindestens 23 Sous das Dutzend kauft.«

Die Doktoratsfeiern werden mehr und mehr mit adligen Vergnügungen gepaart: Bälle, Theatervorstellungen, Turniere.

Die Häuser der Universitätsangehörigen werden luxuriös und die der reichsten unter ihnen, wie das des Accursius, flankiert ein theoretisch den Adligen vorbehaltener Turm. Ihre Gräber sind wahre Denkmäler, wie diejenigen, die heute noch die Bologneser Kirchen schmücken, oder sie werden sogar im Freien errichtet.

Die Rektoren von Bologna sind bald statutenmäßig verpflichtet, ein »adlig Leben« zu führen, und man trifft unter ihnen Mitglieder der Burgunder Herzogsfamilie oder der Markgrafen von Baden. Sie erhalten das Recht, Waffen zu tragen und sich von einer fünfköpfigen Eskorte begleiten zu lassen.

Die weniger geschätzten *Artisten* erhalten immerhin das Privileg, dem Militärdienst fernzubleiben, und wenn die Studenten reich genug sind, können sie sich einen Ersatzmann beschaffen.

Der Magistertitel erfährt eine bezeichnende Entwicklung. Zu Anfang, im 12. Jahrhundert, ist der *magister* der handwerkliche Meister, der Leiter der Werkstatt. Der Schulmeister ist ein Meister wie andere Handwerker auch. Sein Titel bezeichnet seine Funktion auf seinem Arbeitsfeld. Bald jedoch wird er zum Ehrentitel. Schon Adam von Petit-Pont herrscht eine seiner Basen an, die ihm aus dem englischen Hinterland nach Paris schreibt, ohne ihn mit dem begehrten Titel zu grüßen. Ein Text aus dem 13. Jahrhundert lautet: »Die Magister lehren nicht, um nützlich zu sein, sondern um Rabbi« – das heißt nach dem Evangelium Herr – »genannt zu werden.« Im 14. Jahrhundert wird *magister* mit *dominus,* Herr, gleichgesetzt.

Die Bologneser Magister werden in den Dokumenten *nobiles viri et primarii cives* – edle Männer und erste Bürger – genannt, und im Alltag heißen sie *domini legum,* die Herren Juristen. Die Studenten nennen ihren Lieblingsmagister *dominus meus,* mein Herr, ein Titel, der ans Vasallentum erinnert.

Sogar ein Grammatiker, Mino da Colle, erklärt seinen Schülern: »Der so begehrte Besitz der Wissenschaft ist mehr wert als jeder andere Schatz; er erhebt den Armen aus dem Staub, er adelt den Nichtadligen und verleiht ihm einen erlauchten Ruf, er ermöglicht dem Adligen, die Nichtadligen zu überrunden, weil er einer Elite angehört.«

Nunmehr ist die Wissenschaft wieder Besitz und Schatz, ein Machtinstrument und nicht länger ein uneigennütziges Ziel.

Wie Huizinga scharfblickend festgestellt hat, tendiert das niedergehende Mittelalter dazu, Rittertum und Wissenschaft gleichzustellen, den Doktortitel gleich hoch wie den Titel des Ritters zu achten. »Wissenschaft, Glaube und Ritterlichkeit sind die drei Lilien in der ›Chapel des trois fleurs de lis‹ des Philippe de Vitry (1335), und im Faktenbuch des Maréchal de Boucicaut kann man lesen: ›Zwei Dinge wurden durch Gottes Willen wie zwei Pfeiler aufgerichtet, um die Ordnung der göttlichen und menschlichen Gesetze zu stützen. Diese beiden Pfeiler sind das Rittertum und die Wissenschaft, die sehr gut zusammenpassen.‹« 1391 unterscheidet Froissart die Ritter in Waffen und die *Ritter in Gesetzen.* Kaiser Karl IV. hatte Bartolus zum Ritter geschlagen und ihm das Recht zugestanden, die Waffen Böhmens zu tragen. Endpunkt dieser Entwicklung: 1533 erhebt Franz I. die Doktoren der Universität in den Ritterstand.

Man versteht, daß Persönlichkeiten, die derart bedeutend geworden sind, nicht mehr Gefahr laufen wollen, mit Arbeitern verwechselt zu werden. Das hieße, auf den Adelsstand verzichten aufgrund des Prinzips der Derogation[1], das besonders in Frankreich stark ausgeprägt und von Ludwig XI. bereits erfolglos bekämpft worden war. Die Intellektuellen schließen sich der Meinung derer an, die Handarbeit erneut zutiefst verachten. Dies sollte sich, wie Henri Hauser gut beobachtet hat, zur Zeit des Humanismus durch die von den griechisch-lateinischen Schriften genährten Vorurteile noch weiter verschärfen. Man ist mittlerweile weit entfernt von jenem Elan, der in den Städ-

[1] Durch Ausübung einer mit seinem Stand unvereinbaren Tätigkeit verliert man das Privileg des Adels. (A. .d. Ü.)

ten des 12. und 13. Jahrhunderts die Freien und die handwerklichen Künste in gemeinsamer Dynamik vereinte. So vollzieht sich die in der Scholastik drohende Trennung von Theorie und Praxis, von Wissenschaft und Technik. Bei den Medizinern kann man es genau verfolgen. Man unterscheidet den Arzt-Kleriker vom Apotheker-Gewürzhändler, dem Wundarzt. Im 14. Jahrhundert wird dann in Frankreich die Aufspaltung der Wundärzte durch eine Reihe von Erlassen und Verordnungen sanktioniert. Der erste Erlaß aus dem Jahre 1311 stammt von Philipp dem Schönen. Von nun an unterscheidet man zwischen den Ärzten in der Robe, die, den Statuten entsprechend, deren erste uns bekannte von 1379 stammen, das Baccalaureat oder die Lizenz besitzen müssen und eine ärztliche Aristokratie bilden, und den Badern, die den Bart schneiden und kleine chirurgische Tätigkeiten ausführen, Salben und Kräutertees verkaufen, zur Ader lassen, Wunden und Beulen verbinden, Abszesse öffnen. Sie sind in zwei verschiedenen Bruderschaften zusammengefaßt – die Religion zeichnet sich ab in der Gesellschaft –, die ersten in der Zunft der heiligen Kosmas und Damian, die zweiten in der des Heiligen Grabes. Man ahnt, was für eine Behinderung für den Fortschritt der Wissenschaft diese Barriere darstellen wird, die zwischen der Welt der Gelehrten und der der Praktiker, der wissenschaftlichen und der technischen Welt aufgerichtet wurde.

Die Kollegien und die Aristokratisierung der Universität

Diese Aristokratisierung der Universität schlägt sich auch in der Entwicklung der Kollegien nieder, deren Bedeutung hier richtiggestellt werden muß. Als mildtätige Stiftungen öffneten sie ihre Tore zunächst nur einer kleinen Minderheit von Privilegierten, und sie waren auch noch keine Studienzentren, obwohl dies häufig gesagt wird. Zwar vereinnahmten später einige von ihnen manche Studiengebiete, so daß beispielsweise das 1257 von Robert von Sorbon gegründete Kollegium mit der theologischen Fakultät verschmolz und der Universität Paris ihren Namen gab, oder es splitterten sich später die Universitäten von Oxford und Cambridge in Kollegien auf, die nach einem bis heute weitgehend intakten Lehrsystem zu den grundlegenden Ausbildungsstätten wurden, doch im allgemeinen spielten die Kollegien nicht die Rolle, die man ihnen im nachhinein zuzuweisen versucht. Viele von ihnen erlangten schnell Berühmtheit: die Kollegien von Harcourt (1280) und von Navarra (1304) mit der Sorbonne in Paris; das 1307 in Bologna von Kardinal Albornoz gegründete Kollegium von Spanien; die Kollegien Balliol (1261–1266), Merton (1263–1270), University (um 1280), Exeter (1314–1316), Oriel (1324), Queen's (1341), New College (1379), Lincoln (1429), das 1438 für den Seelenfrieden der im Hundertjährigen Krieg gefallenen Engländer gegründete All Souls und Magdalen (1448) in Oxford; Peterhouse (1284), King's Hall, Michaelhouse (1324), University (1326), Pembroke (1347), Gonville (1349), Trinity Hall (1350), Corpus Christi (1352), Godshouse (1441–1442), King's (1441), Queen's (1448), S. Catharine's (1475), Jesus (1497) in Cambridge. Wenn diese Einrichtungen auch selbstverständlich Teile des Lehrbetriebs, die in keinem eigenen Gebäude untergebracht waren, auf sich konzentrieren, so unterscheiden sie sich doch sehr von dem Bild, das man traditionell von ihnen gezeichnet hat. Sie werden zu Zentren einer Lehnsherrschaft, mieten oder kaufen Häuser, zuerst in der näheren Umgebung, dann auf dem Land und in den umgebenden Dörfern, und beuten sie kommerziell aus. Sie lassen sich das Recht der Gerichtsbarkeit über ihr Stadtviertel zuerkennen, regeln den Verkehr in den umliegenden Straßen, und in ihren Häusern wohnen, vor allem in Paris, die großen Magistratsfamilien, besonders des Parlaments. Auf diese Weise wurde zum Beispiel das Sorbonneviertel zu einer der Gerichtseinfriedungen der Stadt Paris. Die Kollegien kehrten zum Stil der alten

Abteien zurück. In ihnen kristallisierte sich die Aristokratisierung der Universitäten, sie betonten deren geschlossenen Charakter und verstärkten gleichzeitig die Kompromißhaltung der Universitätsangehörigen und der Lehrinhalte gegenüber einer – vor allem richterlichen – Oligarchie.

So wurden die Universitäten selbst zu Mächten, die im Weltlichen verankert waren, zu Besitzenden, deren wirtschaftliche Bemühungen über die Verwaltung der Körperschaftsangelegenheiten und Lehnsherrschaften weit hinausgingen. Die Siegel, einst Ehrenzeichen der Körperschaft, wurden nun zu den Waffen der edlen Dame.

Die Entwicklung der Scholastik

Parallel zu dieser gesellschaftlichen Entwicklung läuft die Entwicklung der Scholastik, die dahin führt, daß diese ihre fundamentalen Ansprüche aufgibt. Aus der enormen Vielfalt der Philosophie wie der Theologie im 14. und 15. Jahrhundert wollen wir einige Hauptströmungen herausgreifen, die sich von den Grundpositionen der Scholastik des 13. Jahrhunderts entfernen: Der kritische Skeptizismus geht ursprünglich auf Johannes Duns Scotus und Wilhelm von Ockham zurück; der wissenschaftliche Experimentalismus führt bei den Oxforder Mertonianern und den Pariser Doktoren (Autrecourt, Buridan, Oresme) zum Empirismus; der Averroismus mündet, wie wir noch sehen werden, seit Marsilius von Padua und Jean de Jaudun vornehmlich in die Politik und trifft sich mit den größten Häretikern John Wyclif und Jan Hus; der Antiintellektualismus schließlich, der bald auf die gesamte Scholastik des niedergehenden Mittelalters abfärbt, schöpft aus den mystischen Quellen von Meister Eckhart und findet durch Petrus von Ailly, Johannes Gerson und Nikolaus von Kues im 15. Jahrhundert weite Verbreitung.

Über die großen Franziskanerdoktoren Johannes Duns Scotus (1266–1308) und Wilhelm von Ockham (um 1285–um 1350) setzt sich die Theologie mit dem Hauptproblem der Scholastik auseinander: dem Gleichgewicht zwischen Vernunft und Glauben. Etwa ab 1320 wird die anselmische Tradition, wonach *der Glaube auf der Suche nach der Vernunft* ist[1], aufgegeben, und gleichzeitig unterbleiben die Bemühungen, eine Verbindung zwischen dem Erschaffenen und dem Göttlichen zu finden, was, wenn auch von unterschiedlichen Ansätzen ausgehend, das Bestreben der Augustiner wie der Thomisten gewesen war; allerdings ist die augustinische Richtung im 14. und 15. Jahrhundert eher zu finden als die thomistische, gegen die die philosophischen Denker der damaligen Zeit zu Felde zogen.

Duns Scotus hat als erster die Vernunft aus den Glaubensangelegenheiten verbannt. Gott ist so frei, daß er von der menschlichen Vernunft nicht zu fassen ist. Die göttliche Freiheit wird zum Mittelpunkt der Theologie und diese ist nunmehr für die Vernunft unerreichbar. Wilhelm von Ockham setzt dieses Werk fort und vervollständigt die Trennung zwischen praktischem und theoretischem Wissen, indem er die Konsequenzen aus der scotistischen Lehre auf die Beziehung des Menschen zu Gott anwendet. Er unterscheidet zwischen abstraktem und intuitivem Wissen. Das abstrakte Wissen »läßt uns nicht erkennen, ob ein existierendes Ding existiert oder ob ein nichtexistierendes Ding nicht existiert... Das intuitive Wissen ist jenes, durch das wir erkennen, daß ein Ding ist, wenn es ist, und daß es nicht ist, wenn es nicht ist.« Zweifellos führte die Ockhamsche Logik, wie Paul Vignaux gezeigt hat, nicht zwangsläufig zum Skeptizismus. Der Erkenntnisprozeß setzte nicht notwendig die Existenz des er-

[1] Vgl. Gordon Leffs guten Aufsatz in: Past and Present (April 1956).

kannten Gegenstands voraus. Die Wahrheit war über zwei völlig unterschiedliche Vorgehensweisen zu erreichen: Der Beweis betraf nur das, was man aus Erfahrung sicher wissen konnte; alles andere war Spekulation und brachte keinerlei Gewißheit mit sich, höchstens Wahrscheinlichkeiten. Doch die von Ockham selbst vorgenommene Anwendung dieser Prinzipien auf die Theologie mündete im Skeptizismus. Da Gott nur durch seine Allmacht definiert ist, »wird er gleichbedeutend mit Ungewißheit, er ist nicht mehr das Maß aller Dinge... Folglich konnte die Vernunft den Glauben von nun an weder unterstützen noch bestätigen. Der Glaube konnte nur noch aus der Diskussion verschwinden und den Fakten das Feld überlassen oder sich dem Zweifel unterwerfen, der das gesamte sinnlich nicht wahrnehmbare Gebiet beherrschte.«

K. Mischalsky hat dargelegt, wie die Ockhamisten, ausgehend von diesen Angaben, Philosophie und Theologie zu Kritizismus und Skeptizismus weiterentwickelt haben. Selbst die Lehre an den Universitäten wird tief davon geprägt. Der bis dahin als Prüfstein der theologischen Lehre fungierende Kommentar zu den ›Sentenzen‹ des Petrus Lombardus wird immer mehr verschmäht. Nach Ockham werden die *Fragen* immer weniger und konzentrieren sich immer stärker auf die göttliche Allmacht, den freien Willen. Gleichzeitig wird das Gleichgewicht zwischen Natur und Gnade zerstört. Der Mensch kann alles, was Gott von ihm verlangt, vollbringen, sogar unabhängig von der Gnade. Jede dogmatische Lehre wird nichtssagend. Alle Werte sind durcheinandergeraten. Gut und böse schließen sich nicht mehr notwendigerweise aus. Die menschlichen Kräfte können nur noch in Bezug auf die Natur diskutiert und mit der Erfahrung konfrontiert werden.

Demgegenüber lassen sich die Gegner des Ockhamismus – wie der Oxforder Thomas Bradwardine – auf die gleiche Ebene ein, stellen dieselben Fragen. Ihr Autoritarismus, der die Autorität des Dogmas zum Zentrum aller

Wahrheit und aller Erkenntnis macht, führt zu einer genau so radikalen Ausklammerung der Vernunft. Wie Gordon Leff treffend analysiert hat, hätte es ohne diese Zerstörungsarbeit der skeptischen Theologie »weder Renaissance noch Reformation geben können«. Nunmehr ist die Bahn frei für einen Voluntarismus, der in entstellter und pervertierter Form Machtgelüste legitimieren, die Tyrannei des Fürsten rechtfertigen wird. Die letzten Skrupel werden hinweggefegt – wie beispielsweise die von Gabriel Biel, der zur Verteidigung seines Lehrers Ockham beteuert, er habe trotz allem seinen Intellektuellenberuf nicht verraten: »Es wäre schändlich, wenn ein Theologe nicht etwas Verständnis und Begründung für den Glauben vermitteln könnte«, oder die des Petrus von Ailly, der einen rein stilistischen Vorbehalt anführt: »Da unser Glaube wahr und sehr zuträglich ist, wäre es unziemlich, ihn nicht mit glaubwürdigen Argumenten verteidigen und unterstützen zu können.«

Die Grenzen der experimentellen Wissenschaft

Dieser oben beschriebene Kritizismus bildet die Grundlage der logischen und wissenschaftlichen Arbeit der Mertonianer wie William Heybtesbury und Richard Swineshead – die im übrigen von Robert Grosseteste und Roger Bacon herkommen – sowie der Pariser Nikolaus von Autrecourt, Johannes Buridan, Albert von Sachsen, Nikolaus von Oresme. Sie begnügen sich mit der Erfahrung: »Ich gebe das alles nicht für gewiß aus, sondern fordere die Herren Theologen nur auf, mir zu erklären, wie all das geschehen kann.«

Diese Magister wurden zu den Vorläufern der großen Gelehrten der beginnenden Neuzeit erklärt: Johannes Buridan, der Rektor der Universität Paris war und den die Nachwelt paradoxerweise wegen seiner angeblichen skandalösen Liebschaft mit Johanna von Navarra und wegen seines berühmten Esels kennt, soll die »Grundlagen der Bewegungsgesetze vorausgeahnt« und eine Definition der Bewegung der Körper gegeben haben, die dem *»Impeto«* Galileis und der »Konstanz der Bewegungsgröße« Descartes' angeblich sehr nahekommt. »Wenn jemand, der Geschosse wirft, ein leichtes Holz- und ein schweres Eisenstück von im übrigen gleichem Umfang und gleicher Gestalt mit der gleichen Schnelligkeit bewegt, wird das Eisenstück weiter fliegen, denn der in ihm ausgedrückte Schwung ist intensiver.« Mit seiner Theorie der Schwerkraft soll Albert von Sachsen »die ganze Entwicklung der Statik bis Mitte des 17. Jahrhunderts beeinflußt und Leonardo da Vinci, Cardano, sowie Bernard Palissy zum Studium der Fossilien angeregt« haben. Und Nicolaus von Oresme, der das Fallgesetz und die tägliche Umdrehung des Himmels um die Erde entdeckt und den Gebrauch des Koordinatensystems erfunden haben soll, wurde zum »direkten Vorläufer des Kopernikus«. P. Duhem zufolge stützen sich seine Darlegungen auf Argumente, »deren Klarheit und Genauigkeit die Schriften des Kopernikus zum selben Thema bei weitem überragen«. Das sind umstrittene Ansichten, die viel diskutiert worden sind. Fest steht, daß selbst wenn diese Gelehrten bemerkenswerte Erkenntnisse hatten, diese jedenfalls lange Zeit ohne Folgen blieben. Bei dem Versuch, Früchte zu tragen, stießen sie auf die Engpässe der mittelalterlichen Wissenschaft: Es fehlte jegliche wissenschaftliche Symbolik, die geeignet gewesen wäre, die wissenschaftlichen Grunderkenntnisse in klaren Formeln auszudrücken, um sie dann leichter und in großem Umfang in die Praxis umzusetzen; hinzu kam die Rückständigkeit der Technik, die nicht in der Lage war, aus den theoretischen Erkenntnissen praktischen Nutzen zu ziehen, und schließlich die Tyrannei der Theologie, die den Wissenschaftlern-Philosophen eine klare wissenschaftliche Ausdrucksweise verbot. Erst allmählich enthüllen die Gelehrten des 14. Jahrhunderts ihre Geheimnisse, dank der Arbeiten von A. Koyré, A. Maier, A.

Combes, M. Clagett und G. Beaujouan. Doch es scheint so, als hätten sie zur Diskreditierung des Rationalismus nur beigetragen, um in Sackgassen zu geraten.

Der Antiintellektualismus

Sie alle schließen sich jener antiintellektuellen Strömung an, die von nun an die Geister mitreißt. Der Mystizismus des Meister Eckhart fasziniert die meisten Denker des ausgehenden Mittelalters. 1449 ergreift Kardinal Nikolaus von Kues, Autor der letzten großen scholastischen ›Summa‹ des Mittelalters, die Partei Eckharts, attackiert den Aristotelismus und preist die *docta ignoratia,* das wissende Nichtwissen: »Vor allem geboten sie [Hermes Trismegistos und Dionysius Areopagita] zu verhindern, daß das Geheimnis Menschen mitgeteilt werde, deren Geist durch die Macht eingefleischter Gewohnheit gefesselt ist. Denn die Macht langer Übung ist so stark, daß eher das Leben vieler ausgelöscht wird als diese – wie wir in der Verfolgung der Juden, der Sarazenen und anderer hartnäkkiger Häretiker erfahren haben, die eine im Laufe der Zeit verfestigte Meinung zu einem Gesetz machen und dieses über ihr Leben stellen.

Jetzt hat vor allem die aristotelische Richtung Geltung, die die Koinzidenz der Gegensätze, welche man anerkennen muß, um den Anfang des Aufstiegs zur mystischen Theologie zu finden, für eine Häresie hält. Den in dieser Schule Ausgebildeten scheint dieser Weg vollkommen unsinnig zu sein. Er wird als ein ihren Absichten entgegengesetzter völlig abgelehnt. Daher käme es einem Wunder gleich – ebenso wie es eine Umwandlung der Schule wäre –, wenn sie von Aristoteles abließen und höher gelangten.« Nachdem er Meister Eckhart verteidigt hat, endet er mit folgenden Worten: »[Dies, mein vielgeliebter Mitschüler, ist, was ich aus dem Herzen des Meisters zur Verteidigung der wissenden Unwissenheit gesammelt habe, wenn auch vieles meinem Gedächtnis entfallen ist.] Ich überlasse es Dir, daß Du es liest und, wo es Dir nötig erscheint, weiter verbreitest, damit in der Glut Deines Eifers der wunderbare Same wachse, durch den wir zur Schau des Göttlichen erhoben werden; denn schon längst habe ich gehört, daß in ganz Italien durch Deine sorgende Mühe und Pflege aus diesem Samen, der vom eifrig suchenden Geist empfangen wurde, herrliche Frucht am Reifen ist.

Diese Betrachtungsart wird, wenn es auch schwierig ist, das Gewohnte aufzugeben, ohne Zweifel alle Arten des Schlußfolgerns sämtlicher Philosophen überwinden.

Ermüde nicht, mich stets teilnehmen zu lassen an Deinen Fortschritten; denn diese göttliche Nahrung allein ist es, die mich freudig erquickt. Fortgesetzt bemühe ich mich hier, je nachdem mich Gott für würdig hält, es mir zu schenken, im Lebenshauch wissender Unwissenheit täglich dem Genuß jenes Lebens, das ich nun aus so weiter Ferne erblicke, näherzukommen. Daß wir, von dieser Welt befreit, jenes Leben durch göttliches Geschenk erreichen, möge uns Gott gewähren, der, so sehr ersehnt, in Ewigkeit gepriesen sei.«[1]

Bereits Mitte des 14. Jahrhunderts lieferte Richard Fitzralph das Beispiel seiner eigenen Bekehrung von der Philosophie zu einer fideistischen Theologie; er faßt sie in ein Gebet an Christus, zu dem er spricht: »Ehe Du, der Du die Wahrheit bist, mich führtest, hatte ich, ohne es zu verstehen, das Getöse der Philosophen gehört, ihr Geschwätz über Dich, die schlauen Juden, die herrlichen Griechen, die materialistischen Sarazenen und die unwissenden Armenier ...« In seiner ›Summa‹ schließlich gibt er bewußt die scholastischen Argumente auf und hält sich nur noch an den Text der Bibel. Nunmehr ist, wie wir bereits bei Nikolaus von Kues gesehen haben, Aristoteles der Hauptfeind. »Früher war mein Denken« – so wiederum Fitzralph – »ganz den Lehren des Aristoteles verhaftet und jener Art der Argu-

[1] Übersetzt von Dietlind und Wilhelm Dupré. (A. d. Red.)

mentation, die nur denen tiefsinnig erschien, die selber äußerst eingebildet waren...« Petrus von Ailly, Kanzler der Sorbonne, pflichtet ihm bei: »In der Philosophie bzw. der Doktrin des Aristoteles, gibt es keine oder nur sehr wenige wirklich überzeugende Argumente... Zusammenfassend können wir sagen, daß die Philosophie bzw. die Doktrin des Aristoteles eher eine Meinung als eine Wissenschaft ist. Folglich sind jene sehr tadelnswert, die starrsinnig an der Autorität des Aristoteles festhalten.«

So dachte auch Johannes Gerson, jener andere berühmte Kanzler der Universität Paris an der Wende des 14. zum 15. Jahrhundert, sowie Thomas von Kempen, der Autor der ›Nachfolge Christi‹ (›De imitatione Christi‹), in der es heißt: »Einige mühen sich ab und quälen sich, um Wissen zu erringen, und ich habe gesehen, sagt der Weise, daß auch dies Eitelkeit, Arbeit und Trübsal des Geistes war. Was wird es Euch nutzen, die Dinge dieser Welt zu kennen, wenn diese Welt selbst vergangen sein wird? Beim Jüngsten Gericht wird man Euch nicht fragen, was Ihr gewußt habt, sondern was Ihr getan habt, und in der Hölle, auf die Ihr zueilt, wird es kein Wissen mehr geben. Erspart Euch diese vergebliche Mühe.«

So räumt die Scholastik das Feld für die Rückkehr der »heiligen Unwissenheit«, verschwindet die rationale Wissenschaft zugunsten einer empfindungsgeladenen Frömmigkeit, die sich in den frommen Predigten und Traktaten von Johannes Gerson und Petrus von Ailly ausdrückt. So nähern sich die Intellektuellen einem humanistischen Spiritualismus, dem der *devotio moderna*, von der man weiß, wie sehr sie beispielsweise einen Erasmus fasziniert hat.

Die Nationalisierung der Universitäten

Im Verlauf dieser zwei Jahrhunderte verlieren die Universitäten auch ihren internationalen Charakter. Der Hauptgrund hierfür ist die Gründung zahlreicher neuer Universitäten, die immer stärker national oder sogar regional anwerben.

Ab dem 13. Jahrhundert entstehen auf der iberischen Halbinsel durch die Fortschritte der spanischen *Reconquista* und die Festigung der Herrschaft der iberischen Monarchen schulische Einrichtungen, die, wenn auch einige von ihnen sich aus bereits vorher bestehenden Schulen entwickeln, sich nicht mehr spontan konstituieren wie einst Bologna, Paris und Oxford. Meist sind es regelrechte Gründungen unter Beteiligung der Fürsten und Päpste.

1208 wurde eine Universität in Palencia gegründet, die Alfonso IX. von Leon, als sie sich nicht halten konnte, nach Salamanca verlegte. Ihre Existenz wird 1254 durch die Bulle Alfonsos X., des Weisen, der selbst ein berühmter Gelehrter war, und 1255 durch die Bestätigungsbulle von Papst Alexander IV. endgültig bestätigt. Dann entstehen nacheinander Universitäten in Lissabon und Coïmbra (1290), Lerida (1300), Perpignan (1350), Huesca (1354), Barcelona (1450), Saragossa (1470), Palma de Mallorca (1483), Siguenza (1489), Alcala (1499) und Valencia (1500). Ab dem 14. Jahrhundert ergreift die Bewegung Mittel-, Ost- und Nordeuropa. Als erste Universität des Kaiserreiches wird 1347 Prag auf Wunsch Karls IV. von Papst Clemens VI. gegründet. Karl IV. will dadurch vornehmlich sein Königreich Böhmen fördern. Es folgen: die 1365 von Rudolf IV. und Urban V. gegründete und 1383 von Albrecht III. wiedergegründete Universität Wien; Erfurt, das, obwohl es mit den Bullen zweier Päpste (Clemens VII. 1379 und Urban VI. 1384) ausgestattet ist, erst 1392 das Licht der Welt erblickt; Heidelberg (1385); Köln (1388); Leipzig als Folge der Prager Krisen 1409; Rostock (1419); Trier, das 1454 gegründet wurde, doch erst ab 1473 wirklich existierte; Greifswald (1456); Freiburg im Breisgau (1455/1456); Basel (1459); Ingolstadt, das 1459 eine Bulle von Pius II. erhalten hatte, doch erst ab 1472 funktionierte; Mainz (1476) und Tübingen (1476/1477).

Währenddessen zieht das 1425 gegründete Löwen die Studenten der burgundischen Länder an. Die 1364 von Kasimir dem Großen gegründete Universität Krakau wird 1397–1400 von Wladislaw II. Jagiello mit der Unterstützung von Bonifaz IX. wiedergegründet; in Pecs (Fünfkirchen) wird ab 1367 Kirchenrecht gelehrt, das 1389 gegründete Budapest erlebt 1410 eine vorübergehende Blütezeit und 1465/1467 wird Preßburg gegründet. Schweden bekommt 1477 in Uppsala seine Universität, Dänemark die seine 1478 in Kopenhagen. Während Oxford und Cambridge die gelehrte Welt Englands an sich ziehen, gründen die schottischen Könige drei Universitäten: Saint Andrews (1410), Glasgow (1450/1451) und Aberdeen (1494).

In Italien entstanden, oft aufgrund des Weggangs von Magistern und Studenten aus Bologna oder von anderswo, vorübergehend Universitäten in Modena, Reggio Emilia, Vicenza, Arezzo, Vercelli, Siena und Treviso. Die von Friedrich II. als Waffe gegen das Papsttum gegründete Universität von Neapel hatte ihre Glanzzeit nur unter diesem Monarchen. Andere Universitäten bezogen ihre Bedeutung lediglich aus der Unterstützung italienischer Fürsten, die sie zu Prunkstücken ihrer Länder machen wollten. Die bedeutendste ist die 1222 in Padua gegründete, die 1404 Universität der Republik Venedig wird. Bereits 1244 hatte Innozenz IV. am päpstlichen Hof eine Universität gegründet, die die Päpste im 14. und 15. Jahrhundert in dem Maße zu beleben suchten, wie sie ihre Herrschaft im Kirchenstaat festigten. Siena hatte seit 1246 eine Universität und unternahm 1357, mit Hilfe einer Bulle von Kaiser Karl IV., sowie 1408, mit neuen, von Papst Gregor XII. gewährten Privilegien ausgestattet, deren Neugründung. Piacenza, nominell 1248 gegründet, wurde 1398 von Giangaleazzo Visconti wiederbelebt und bald darauf zum intellektuellen Zentrum des Herzogtums Mailand. 1412 verlor es diese Position an die 1361 gegründete Universität Pavia. Zwischen 1349 und 1472 spielte Florenz eine maßgebliche Rolle als erstes humanistisches Zentrum, jedoch zog Lorenzo il Magnifico damals das seit 1343 bestehende Pisa als Universitätssitz des Florentiner Staates vor. 1430 erweckten die Fürsten von Este eine 1391 in Ferrara gegründete Universität zu neuem Leben. Ab 1405 verfügte das Herzogtum Piemont mit Turin über eine Universität mit wechselvollem Schicksal, und Alfons der Prächtige, König von Aragon und Sizilien, gründete 1444 mit der Unterstützung von Papst Eugen IV. eine Universität in Catania.

Schließlich, als Beispiel universitärer Regionalisierung: Frankreich. Neben Paris, Montpellier und Orléans, alle aus schulischen Zentren entstanden, die bereits im 12. Jahrhundert bedeutend waren, sowie Angers, dessen Geschichte im dunkeln liegt, war Toulouse bekanntlich 1229 gegründet worden, als Bollwerk gegen das Ketzertum der Albigenser. Andere Gründungen, die häufig auf militärische Ereignisse zurückgingen, brachten nur vorübergehend bestehende oder unbekannte Universitäten hervor. Das bereits 1303 von Bonifaz VIII. gegründete Avignon hatte seine Blütezeit nur während der Dauer der päpstlichen Anwesenheit. Cahors, 1332 gegründet, existierte nur kurze Zeit. Das von Kronprinz Humbert II. gegründete Grenoble kümmerte nach 1339 nur noch vor sich hin; dem kaiserlichen Orange war zwischen 1365 und 1475 kaum mehr Erfolg beschieden. Ab 1409 zog Ludwig II. der Provence – nach der Terminologie der Nationen in Montpellier – Burgunder, Provenzalen und Katalanen nach Aix. Die von Philipp dem Guten, Herzog von Burgund, mit Unterstützung von Papst Martin V. gegründete Universität Dole schloß 1481 ihre Tore. Der Kronprinz und spätere Ludwig XI. gründete in Valence eine Universität, die ab 1452 den Lehrbetrieb aufnahm und sich auf die Rechtswissenschaft beschränkte. Als König gründete er 1464 eine Universität in seiner Heimatstadt Bourges, während der Herzog der Bretagne 1460 eine weitere in Nantes schuf, die 1498 von Karl VIII. neubelebt wurde.

Die Aufteilung Frankreichs zwischen den Engländern und Karl VII. führte zur Gründung dreier Universitäten, die florierten: Caen (1432) und Bordeaux (1441) auf englischer Seite, Poitiers (1431) auf französischer. Abgesehen von dem auf Medizin spezialisierten Montpellier blieb Paris das große intellektuelle Zentrum der französischen und der im französischen Einflußbereich liegenden Länder.

Dennoch hat diese Zunahme von Universitäten die internationale Zusammensetzung der wichtigsten unter ihnen stark reduziert, wenn nicht gar aufgehoben; auf jeden Fall hat sie das bis dahin so wichtige System der Nationen zerstört, das sehr oft ein Hauptelement der Universitätsstruktur gewesen war. Pearl Kibre hat die Auslöschung der universitären Nationen im 14. und 15. Jahrhundert erforscht.[1]

Die Universitätsangehörigen und die Politik

Dieser Prozeß findet im Rahmen einer Gesamtentwicklung statt, in der die großen Universitäten im ausgehenden Mittelalter zu politischen Mächten werden, eine aktive, manchmal vorrangige Rolle in den Kämpfen zwischen den Ständen spielen, zum Schauplatz heftiger Krisen zwischen den in ihnen organisierten »Nationen« werden, die sich mittlerweile von nationalen Gefühlen leiten lassen, und sich schließlich in die neuen nationalen Strukturen der Staaten eingliedern. Im folgenden gehen wir anhand des politischen Averroismus Ockhams und des Marsilius von Padua, der Prager Krisen und der politischen Rolle der Universität Paris kurz auf diese Entwicklung ein.

In einer berühmten Studienreihe über ›La Naissance de l'esprit laïque au déclin du Moyen Age‹ (Die Entstehung des weltlichen Geistes im ausgehenden Mittelalter) hat Georges de Lagarde die Thesen und die politische Tätig-

[1] *The Nations in the Medieval Universities.* 1948.

keit von Wilhelm von Ockham und Marsilius von Padua eingehend untersucht. Trotz der Unterschiede, die die beiden Männer trennten, kämpften sie in der ersten Hälfte des 14. Jahrhunderts am Hofe Ludwigs von Bayern gemeinsam gegen das Papsttum und seine weltlichen Ansprüche.

Aus ihrer Tätigkeit als Polemiker und politische Theoretiker geht der ›Defensor pacis‹, das Hauptwerk des Marsilius von Padua hervor. Welche Traditionen ihn – außer dem Geist der italienischen Gemeinden – beeinflussen, läßt sich leicht erkennen. Da ist zunächst die ghibellinische Tradition, die den päpstlichen Bestrebungen nach weltlicher Vorherrschaft das Prinzip der Trennung von geistlicher und weltlicher Macht entgegenhält, sowie den Anspruch des Kaisers auf letztere. Aus philosophischer Sicht handelt es sich hierbei um eine averroistische Tradition, die Aristoteles ganz anders als der Thomismus auslegt und die sozialphilosophisch auf einen Empirismus hinausläuft, der mit *Naturalismus* nicht treffend bezeichnet ist, denn er strebt danach, »das Politische vom Moralischen zu befreien«, dem individuellen Willen Vorrang vor der objektiven Wirklichkeit zu geben, die gesellschaftliche *Ordnung* auf ein mechanisches Gleichgewicht zu reduzieren, die *Natur* durch die *Konvention* zu ersetzen. Hinzu kommt der Einfluß der Rechtsgelehrten und des Kreises um Dubois und Nogaret, der bereits Ende des 13., Anfang des 14. Jahrhunderts im Umkreis von Philipp dem Schönen zur Verteidigung der entstehenden Monarchie einen unerbittlichen Kampf gegen das Papsttum geführt hat.

Marsilius' Ziel ist der weltliche, auf Volkssouveränität beruhende Staat, also die Bestätigung der staatlichen Autonomie, die auf der Trennung von Recht und Moral gegründet ist. Die positivistische Anschauung des gesellschaftlichen Lebens führt zum göttlichen Recht der etablierten Ordnung. »Wenn Ihr der weltlichen Herrschaft Widerstand leistet, setzt Ihr Euch, selbst wenn die Herrschenden ungläubig oder böse sind, der ewigen Verdammnis aus...« Der allmächtige Staat beansprucht alle Rechte im gesellschaftlichen Leben, dessen Einheit lautstark proklamiert wird, er hat die legislative, die exekutive und die juristische Gewalt inne. Er ist allumfassend: Innerhalb eines bestimmten Territoriums kann kein Untertan der Herrschaft des Fürsten entgehen. Letzten Endes begnügt sich der weltliche Staat nicht damit, die Kirche in den geistigen Bereich zu verbannen, er fordert für sich selbst eine geistige Mission, das Recht, auch dieses Gebiet zu beherrschen. Er löst endgültig jede wirkliche Unterscheidung zwischen geistlich und weltlich auf: »Es ist sicher nicht Sache des menschlichen Gesetzgebers..., geistliche Gebote zu schaffen oder festzuhalten, da diese nichts anderes als die Geheiße und Erlaubnisse Gottes selbst sind, doch es ist Sache des menschlichen Gesetzgebers und Richters, alle erlaubten und unerlaubten, von den Menschen, seien sie Laien oder Priester, Gottesdiener oder weltliche Personen, durchgeführten oder unterlassenen Tätigkeiten zu kennen, sowohl in Bezug auf geistliche, wie auch auf weltliche Dinge, jedoch unter der Bedingung, daß es sich nicht um etwas streng Geistliches handelt...« Man glaubt Luther zu hören: »Alles, was nicht zum inneren Gnadenleben gehört, alles, was das kirchliche Leben in der Realität ausmacht, gehört zur Welt und fällt dem Staate zu. Alles, was Ausübung des moralischen Gesetzes in der Welt ist, entzieht sich der Kirche und fällt dem Staate zu.«

Eine Doktrin voller Sprengkraft, die sich allmählich durchsetzen wird, und die sich wiederfinden wird in den ansonsten grundverschiedenen Denkweisen von Macchiavelli oder Luther, Hobbes oder Rousseau, Hegel oder Auguste Comte, Lenin oder Charles Maurras.

Doch was Ockham und vor allem Marsilius von Padua von der ghibellinischen Tradition unterscheidet, ist, daß sie endgültig nicht mehr daran denken, die ganze Menschheit, oder zumindest die ganze Christenheit in einem einzigen weltlichen Imperium zusammenzufassen.

Besonders in diesem Punkt unterscheidet sich Marsilius von Padua total von Dante, für den der Kaiser geradezu der Wiederhersteller der fundamentalen Einheit sein sollte. Die scholastische Politik versuchte den in einen christlichen Staat verwandelten aristotelischen Staat auf alle Menschen auszudehnen. Die marsilianische Politik erkennt die Vielfalt der Völker und Staaten an. Im ›Defensor pacis‹ steht zu lesen: »Man fragt sich, ob es zuträglich ist, wenn alle in einem zivilisierten Zustand lebenden, über die ganze Erdoberfläche verstreuten Menschen sich einen einzigen obersten Führer geben, oder ob es im Gegenteil nicht besser ist, wenn in den verschiedenen Gegenden, die ja durch geographische, sprachliche und moralische Grenzen getrennt sind, sich jede der einzelnen Gemeinschaften diejenige Regierung gibt, die ihr paßt. Es scheint wohl so, als setze sich diese zweite Lösung durch und als müsse man darin den Einfluß einer himmlischen Vorsehung erkennen, die die unbegrenzte Verbreitung der menschlichen Art einschränken will, indem sie Kriege und Epidemien hervorruft und Mühsal auf die Wege der Menschen sät.«

Indem die ockhamsche und die averroistische Politik eine extreme, weit über die Möglichkeiten des 14. Jahrhunderts hinausgehende These verfechten – die trotz allem ein beträchtliches Echo findet –, stimmen sie in der generellen Tendenz überein, intellektuelles Nachdenken auf die Überprüfung der politischen Entwicklungen anzuwenden. Diese Tendenz akzeptiert auch hier das Ende der Einheit, sie unterwirft sich der Spaltung, zieht ihre Konsequenzen aus dem Auseinanderbrechen der Christenheit. Sie entscheidet sich für den Partikularismus.

Die erste nationale Universität: Prag

Diese Tendenz akzeptiert sogar das Nationalgefühl. So in Prag. Die Universität wurde dort in einer Zeit der Wirren gegründet. Sie ist international, wie alle Universitäten, doch bald droht sie von den deutschen Magistern und Studenten überlaufen zu werden, die immer zahlreicher werden, da sie zum Zeitpunkt des großen Schismas scharenweise Paris verlassen. Sie stoßen auf die Tschechen, die sich ihrer Eigenart und ihrer Ansprüche in zunehmendem Maße bewußt werden. Die ethnische Auseinandersetzung ist mit einer korporatistischen verbunden: Es geht darum, ob die von den Deutschen beherrschten *Nationen* den Sieg über die tschechische *Nation* davontragen und wie die Lehrstühle und universitären Ämter zwischen den verschiedenen Gruppen aufgeteilt werden. Das ganze beruht auf einem sozialen Gegensatz. Die Tschechen stützen sich auf die unteren Klassen, Bauern und selbständige Handwerker, während die Deutschen vor allem den bürgerlichen Reichtum der Städte sowie die Mehrheit des Adels und des Klerus vertreten.

Als eine Persönlichkeit von Rang, Jan Hus, zusammen mit seinen Freunden eine philosophische und theologische Doktrin aufstellt, die Oxford und Wyclif viel zu verdanken hat, als er die Verbindung zwischen der Universität Prag und böhmischen Volksschichten herstellt, mit seiner Redekunst und seiner Leidenschaft seine Hörer begeistert und auf den schwächlichen böhmischen König Wenzel IV. wirksamen Druck ausübt, bricht der Konflikt aus und wird 1409 durch den königlichen Erlaß von Kutnà Horà zugunsten der Tschechen entschieden. Die Mehrheitsverhältnisse der *Nationen* werden zugunsten der Tschechen umgewandelt, und alle Mitglieder der Universität müssen von nun an einen Treueid auf die böhmische Krone ablegen. Die Deutschen verlassen die Prager Universität und gründen eine eigene in Leipzig. Das ist ein historisches Datum in der mittelalterlichen Geschichte; die nationale Universität ist geboren; die intellektuelle Welt fügt sich in die politischen Schablonen ein.

Der Weg der Pariser Universität bis zu ihrer Integration in die nationale Monarchie war mit Hindernissen gepflastert.

Nach dem Weggang vieler Engländer anläßlich des Hundertjährigen Krieges und vieler Deutscher zur Zeit des großen Schismas war die Universität von Paris bereits auf dem Wege, in ihrer Zusammensetzung französisch zu werden. Spätestens seit der Herrschaft Philipps des Schönen spielte sie eine erstrangige politische Rolle. Karl V. nannte sie »die älteste Tochter des Königs«. Sie war offiziell bei den Nationalkonzilien der Kirche von Frankreich und in den Versammlungen der Generalstände vertreten. Anläßlich der Auseinandersetzungen zwischen Etienne Marcel, den Parisern und dem Hof beim Aufstand der Maillotins[1], wird sie um Vermittlung gebeten; sie ist Mitunterzeichnerin des Vertrags von Troyes.

Sie genießt ein außerordentlich hohes Ansehen, das ihr nicht nur ihre studierenden oder lehrenden Mitglieder verschaffen, sondern auch alle ehemaligen Magister, die in ganz Frankreich und im Ausland hohe Ämter bekleiden und weiterhin in engem Kontakt zu ihr stehen.

Sie bleibt dennoch dem Papsttum verhaftet, um so mehr, als die Avignoner Päpste – die alle Franzosen sind – sie stark fördern. Sie binden sie durch immer weiterreichende Begünstigungen an sich. Von nun an wird jedes Jahr ein *rotulus nominandorum* nach Avignon geschickt, eine Rolle mit den Namen derjenigen Magister, für die die Universität den Papst in Erwartung kirchlicher Benefizien um Provisionen oder Gunstbezeigungen bittet. Sie ist nicht nur »die älteste Tochter des Königs von Frankreich«, sie ist auch »die erste Schule der Kirche« und spielt eine internationale Schiedsrichterrolle in theologischen Angelegenheiten.

Das Schisma störte dieses Gleichgewicht. Die Universität stellte sich zunächst hinter den Avignoner Papst, doch

[1] Wörtlich Schlegel. Spitzname der im 14. Jahrhundert mit Schlegeln bewaffneten, gegen die Steuerlast rebellierenden Pariser. (A. d. Ü.)

als sie des wachsenden Machtmißbrauchs des Papsttums überdrüssig wurde und sich im übrigen um die Wiederherstellung der Einheit der Kirche sorgte, brachte sie den französischen König dazu, Avignon – vorübergehend – fallenzulassen, und forderte unermüdlich die Einberufung eines Konzils, das dem Schisma durch die Abdankung der rivalisierenden Päpste ein Ende machen sollte. Gleichzeitig machte sie sich zum Vorreiter der Vorherrschaft des Konzils über den Papst und des Gallikanismus, der die relative Unabhängigkeit der nationalen Kirche gegenüber dem Heiligen Stuhl anstrebte. Die erste Haltung brachte ihr hohes Ansehen in der Christenheit, die zweite führte zwar zu einer Loslösung vom Papsttum, setzte sie dafür aber dem wachsenden Einfluß der Monarchie aus.

Ihr Erfolg schien schließlich sicher. Das Konstanzer Konzil, bei dem sie eine führende Rolle spielte, schien ihren Triumph feierlich zu bekräftigen. Doch einige Universitätsangehörige benahmen sich dort merkwürdig. Wie E. F. Jacob[1] nachgewiesen hat, ergriffen die englischen Universitätsangehörigen entgegen allen Erwartungen die Partei des Papsttums in der Frage der Verleihung von Benefizien. Sie dachten dabei an ihre eigenen Interessen, die von dieser Seite sicher besser vertreten würden.

Doch das Baseler Konzil, bei dem die Engländer übrigens nur flüchtig auftraten, endete mit einer Niederlage und dem Sieg des Papsttums. Zwischenzeitlich hatte eine schwere, diesmal französische Krise die Position der Pariser Universität stark erschüttert.

Die Wirren während der Herrschaft Karls VI. fanden ihren Höhepunkt in der Revolution der Cabochiens[2] in Paris und der anschließenden Aufteilung des Landes zwischen Engländern und Franzosen; Paris wurde zur Hauptstadt des englischen Königs. Zweifellos stellte sich die

[1] In: Bulletin of the John Rylands Library (1946).

[2] Cabochiens: nach ihrem Anführer Simon Caboche benannte radikale Fraktion im Lager der Burgunder unter Karl VI. (A. d. Ü.)

Universität nicht sofort und nicht vollständig auf die Seite der Burgunder. Der Herzog stützte sich auf die Bettelorden, mit denen die Universität traditionell verfeindet war. Sie hatte Jean Petit, den Apologetiker des Mordes am Herzog von Orléans, verurteilt und ließ ihn verfolgen. Zur Zeit der englischen Eroberung verließen viele Magister Paris, scharten sich um den Thronfolger, bildeten das administrative Gerüst des Königreichs von Bourges und bevölkerten die neue Universität in Poitiers.

Doch die in Paris verbliebenen »burgundisierten« zuerst und unterwarfen sich dann dem englischen Willen. Die bekannteste Episode aus dieser *englischen* Periode der Pariser Universität ist ihr Kampf gegen Jeanne d'Arc. Indem sie sich ihr – trotz Gerson – feindlich entgegenstellte, tat sie übrigens nicht nur ihrem ausländischen Herrn einen Gefallen. Sie ließ sich auch von der öffentlichen Meinung leiten, die, wie unter anderem der ›Bourgeois de Paris‹[1] zeigt, der Jungfrau von Orléans sehr feindlich gesinnt war. Sie bewies auch, wie unfähig diese von sich selbst überzeugten Intellektuellen waren, ihren Gelehrtenhochmut angesichts der Naivität und der arglosen Unwissenheit Johannas abzulegen. Bekanntlich führte die Universität den Prozeß gegen die Jungfrau und verkündete dem englischen König mit unverhohlener Befriedigung ihre Verurteilung.

Die Asche des Scheiterhaufens von Rouen hatte das Ansehen der Universität befleckt. Außerdem zeigten sich, als Paris wieder zurückerobert war, Karl VII. und danach Ludwig XI. mißtrauisch gegenüber der »Verräterin«, obwohl diese ihre gallikanische Politik unterstützte und sich entschieden für die Pragmatische Sanktion einsetzte.

1437 nimmt der König ihr das Steuerprivileg und zwingt sie, zu den für die Rückeroberung Montereaus erhobenen Hilfsabgaben beizutragen. 1445 wird ihr auch das Recht-

[1] Anonymes Tagebuch eines Pariser Bürgers zur Zeit des Hundertjährigen Krieges. (A. d. Ü.)

sprechungsprivileg genommen und wird dem Parlament unterstellt. Der König unterstützt die 1452 von dem päpstlichen Gesandten Kardinal d'Estouteville durchgeführte Neuorganisierung. 1470 zwingt Ludwig XI. die burgundischen Magister und Studenten, ihm Gehorsam zu schwören. 1499 schließlich verliert die Universität das Streikrecht. Sie ist in der Hand des Königs.

Was wurde in all diesen Kämpfen aus dem Lehrinhalt? Er unterlag einer doppelten Entwicklung, die die Beziehungen zwischen Scholastik und Humanismus besser verständlich macht, ihren Gegensatz differenziert und den Übergang von der einen zum anderen in diesem intellektuellen Schlagabtausch beleuchtet.

Die Erstarrung der Scholastik

Trotz interessanter Erneuerungsversuche, trotz der Gedanken eines Nikolaus von Kues, der sich bemüht, die Tradition mit den neuen Bedürfnissen in Einklang zu bringen, verkümmert die Scholastik. Sie zerfleischt sich nach wie vor selbst. Einerseits gibt es die *Alten*, die mittlerweile kurzatmigen, nörglerischen Aristoteliker und Thomisten. Auf der anderen Seite stehen die *Modernen*, die sich unter dem Banner des von Ockham ausgehenden Nominalismus vereinen. Doch sie haben sich verfangen im Studium der formalen Logik, in endlosen Hirngespinsten über die Bedeutung von Worten, in künstlich geschaffenen Gliederungen und Untergliederungen, im *Terminismus.* Die *Alten* bringen Ludwig XI. 1474 dazu, das Verbot ihrer Lehren und Bücher durch einen – bereits 1481 wieder aufgehobenen – Erlaß auszusprechen. Die aktivsten sind wohl die Scotisten, die vergebens versuchen, einen immer verbaleren Kritizismus mit einem immer wolkigeren fideistischen Voluntarismus in Einklang zu bringen. Sie sind die Lieblingszielscheiben von Erasmus und Rabelais, die die Scotisten als Urbilder der Scholastik mit Spott und Sarkasmus überschütten. Später werden sie alle von Rabelais in denselben Topf geworfen, in dem burlesken Verzeichnis, das der junge Pantagruel in der Bibliothek von Sankt Viktor durchblättert. Bunt gemischt werden sie alle dort dem Gespött preisgegeben: Thomas Bricot, der »geniale Interpret der Nominalisten«, Pierre Tateret, nach 1490 der Kopf des Pariser Scotismus, Pierre Crockart, der Erneuerer der thomistische Lehre, Noël Bédier, Jean Mair (Major), Jacques Almain, alles berüchtigte Ockhamianer.

Über diesen Verbalismus spottet auch François Villon, der, wenn er auch nur mit halbem Ohr hinhört, allemal besser als jeder andere in den Vorlesungen der Sorbonne nichts als hohle Worte vernimmt.

Ich komm zum Schluß. Beim Kerzenschein
Schreib ich grad ab die letzten Seiten.
Nacht wird's, schon dringt zu mir herein
Von der Sorbonne das Glockenläuten.
Die Frommen ruft's, sich zu bereiten
Zum Angelus um diese Zeit.
Ich rüst mich, zum Gebet zu schreiten,
So wie es mir mein Herz gebeut.

Dabei, als ob ich trunken wär
Von üblen, giftigen Getränken,
Wird mir im Kopf ganz dumpf und schwer.
Und mit schon halb verwirrtem Denken
Seh Frau Memoria ich versenken
Die species collaterales
– ob wahr, ob falsch – in Truhn und Schränken
Samt andren intellectuales:

Opinativ, Aestimativ,
Woraus das Prospektiv man macht,
Similativ und Formativ,
Die manchem, ehe er's gedacht,
Mondsüchtigkeit schon eingebracht.

Ach, welch ein Narr bin ich gewesen,
Dies Zeug, studierend manche Nacht,
Bei Aristoteles zu lesen.

Genau diese lasterhafte, karikierte, sieche Scholastik war es, die die Humanisten vor allem ablehnten.

Die Universitäten öffnen sich dem Humanismus

Und doch öffnete sich die universitäre Lehre der humanistischen Richtung. Zuerst an den italienischen Universitäten, wo die Scholastik nicht die gleiche Tradition wie in Paris oder Oxford hatte, wo die Tradition der Literatur des Altertums weit mehr aufrechterhalten worden war und sich mit der romanischen Erneuerung schon früher wiederbelebte, wo der Zustrom der vor der türkischen Bedrohung fliehenden byzantinischen Wissenschaftler das Wiederaufkommen des Hellenismus unterstützte. In Bologna lehrt Pietro de Muglio von 1371 bis 1382 Rhetorik, Coluccio Salutati hält sich vorübergehend dort auf. Seit 1424 wird an dieser Universität Griechisch gelehrt und Filelfo gelingt es, einen Teil der zunächst uninteressierten Studenten dafür zu begeistern. Insbesondere reorganisiert zwischen 1450 und 1455 der berühmte Kardinal Bessarion die Universität in seiner Eigenschaft als päpstlicher Gouverneur der Stadt und Rektor. Die *studia humanitatis* werden in Bologna ab jetzt ununterbrochen fortgeführt.

Padua machte vielleicht eine noch frühere Entwicklung durch und im 15. Jahrhundert führt seine Angliederung an Venedig zu einer glänzenden Entfaltung des Griechischstudiums, von dem Aldus Manutius begeistert berichtet. Nach Guarinus, Filelfo und Vittorino da Feltre setzten byzantische Flüchtlinge wie Demetrios Chalcondyles und Markos Musuros die Tradition fort. Hier war der Einfluß Bessarions noch tiefgreifender als in Bologna.

Die entstehenden Lehnsherrschaften begünstigten diese

Strömungen. Neben der berühmten Platonischen Akademie interpretieren an der Universität von Florenz der Kamaldulenser Ambrosius, Aurispa, Guarinus und Filelfo antike Autoren wie Cicero und Terenz, Lukian, Pindar, Demosthenes, Plotin, Probus, Philon und Strabon. Als Lorenzo il Magnifico 1472 die Florentiner Universität nach Pisa verlegt, werden dort sofort Lehrstühle für Dichtung, Rhetorik, Mathematik und Astronomie geschaffen. Die Visconti und später die Sforza unternehmen das gleiche in Pavia, das im 15. Jahrhundert und während der Italienkriege sehr enge Beziehungen zu Frankreich unterhalten sollte. In Ferrara verfolgen die Fürsten von Este die gleiche Politik und berufen Theodoros Gazes, einen der führenden Hellenisten der Zeit, zum Professor und Kanzler. In der Sapientia in Rom herrscht die gleiche glühende Begeisterung für die klassische Literatur, die von Filelfo, Enoc d'Ascoli, Argyropulos und Theodoros Gazes gelehrt wird.

Aber auch Oxford und Paris sind nicht unzugänglich für den Humanismus, und dasselbe gilt für Prag, wo sich Mitte des 14. Jahrhunderts um Karl IV. und die neue Universität ein ausgesuchter humanistischer Zirkel bildet, auf den die italienischen Einflüsse – von Petrarca bis Cola di Rienzo – wirkten. Bereits Anfang des 14. Jahrhunderts kommentierte der in Oxford, London und Paris lehrende Nicolaus Treveth die Deklamationen Senecas des Älteren, die Tragödien Senecas des Jüngeren und Livius. Vor allem verbreitete 1439 und 1443 die Schenkung der an griechischen und lateinischen Klassikern, sowie an Italienern reichen Bibliothek des Herzogs Humphrey von Gloucester an die Universität Oxford dort den Geist des Humanismus. Oxford bereitete sich auf die Vorlesungen von Linacre, Grocyn, Colet und Thomas Morus vor. Man erwartete Erasmus.

Die erste Generation der französischen Humanisten mit Jean de Montreuil, Nicolas de Clamanges, Gontier Col und Guillaume Fillastre steht in Verbindung zur Pariser

Universität. In einem Brief an Guillaume Fillastre lobt Jean de Montreuil den Kanzler Gerson als Humanisten: »Während Deinem Ruf zufolge nichts Wissenswertes Dir entgeht, was ich anhand vieler Beispiele bestätigen kann, staune ich immer wieder, daß Du den Weg des berühmten Kanzlers von Paris, eines Mannes von außerordentlicher Bildung, nicht verfolgst. Ich spreche dabei nicht von seinem Leben, seinen Sitten oder seinem Wissen in christlicher Religion oder theoretischer Theologie, Gebiete, in denen Ihr alle beide es zu so großer Auszeichnung und Bedeutung gebracht habt. Ich spreche von der Kunst des Erzählens und Überzeugens, die vor allem auf den Regeln der Rhetorik und der Eloquenz beruht, durch die man sie erreicht und ohne die der Ausdruck, den ich als Ziel der Kultur ansehe, unwirksam, leer und hohl bleibt...« Der Theologe Guillaume Fichet, der 1470 das gedruckte Buch im Kollegium der Sorbonne einführt, ist ein Freund Bessarions; er versucht, seine Bewunderung für Petrarca mit der Einhaltung der thomistischen Tradition zu vereinen und ersehnt die Wiederauferstehung des Platonismus. Robert Gaguin, Dekan der Fakultät für Kirchenrecht, versammelt um sich Humanisten, die von Petrarca begeistert sind, und steht in enger Verbindung zu den Florentinern. Bei Erasmus, den die barbarische Disziplin, die unter Jean Standonck am Kollegium von Montaigu herrscht, abstößt, hinterläßt seine Zeit an der Universität nur Verachtung für die dort gelehrte dekadente Scholastik, doch Jakob Faber (Jacques Lefèvre d'Etaples), Magister der Künste, Professor am Kollegium des Kardinal Lemoine, verbreitet in Paris einen Humanismus reinster Form, über den man die schönen Passagen bei Augustin Renaudet nachlesen sollte.

Selbst wenn der Humanismus vor allem eine erstarrte Scholastik angriff und die Universitätsangehörigen sich manchmal zum Humanismus verleiten ließen: Es bestand ein tiefer Gegensatz zwischen dem mittelalterlichen Intellektuellen und dem Humanisten der Renaissance.

Die Rückbesinnung auf Dichtung und Mystik

Der Humanismus ist zutiefst antiintellektualistisch. Er ist eher literarisch als wissenschaftlich, eher fideistisch als rationalistisch. Das Begriffspaar Dialektik – Scholastik wird durch das Begriffspaar Philologie – Rhetorik ersetzt. Platon, den Albertus Magnus wegen seiner Sprache und seines Stils als Philosophen geringschätzte, findet wieder Anerkennung und wird, da er Dichter ist, als *Höchster Philosoph* angesehen.

Jakob Faber veröffentlicht zwar eine wunderbare Ausgabe der ›Nikomachischen Ethik‹ des Aristoteles, doch sein Herz schlägt für die Dichter und Mystiker. Sein Ideal ist die kontemplative Erkenntnis. Er veröffentlicht – in der Übersetzung des Marsilio Ficino – das ›Corpus Hermeticum‹, die Werke des Pseudo-Dionysios, die Betrachtungen des Franziskaners Raimundus Lullus, die mystischen Schriften des Richard von Sankt Viktor, die heilige Hildegard von Bingen, Ruysbroeck und schließlich jenen Nikolaus von Kues, der sich zum Verfechter des *wissenden Nichtwissens* gemacht hatte.

Selbst Lorenzo Valla, dieser strenge Philologe, der strikteste der Humanisten des Quattrocento, erklärt am 7. März 1457 in seiner Predigt zu Ehren des heiligen Thomas von Aquin in der Dominikanerkirche in Rom seine Loslösung von der thomistischen Methode: »Viele sind überzeugt, man könne, ohne die Gebote der Dialektik, der Metaphysik und der gesamten Philosophie zu kennen, nicht Theologe werden. Was ist dazu zu sagen? Sollte ich fürchten, meine Gedanken ganz auszusprechen? Ich rühme am heiligen Thomas die äußerst subtile Ausdrucksweise, ich bewundere seinen Fleiß, ich bin sprachlos angesichts des Reichtums, der Vielfalt, der Perfektion seiner Lehre... Doch ich bewundere nicht so sehr die sogenannte Metaphysik; das ist lästiges Wissen, mit dem man sich besser nicht beschäftigt, denn es hindert einen daran, Besseres zu erkennen.« Er findet – wie Jakob Faber – die wahre Theologie beim heiligen Paulus, der nicht »als leerer und täuschender Philosoph« spricht *(per philosophiam et inanem fallaciam).*

Die Philosophie muß sich hinter der Rhetorik und der Dichtung verbergen. Ihre perfekte Ausdrucksform ist der platonische Dialog.

In der ersten Hälfte des 15. Jahrhunderts hatte zwischen einem Scholastiker und einem Humanisten ein aufschlußreicher Streit um die Übersetzung des Aristoteles stattgefunden.

Um Aristoteles: Rückbesinnung auf die schöne Sprache

In Florenz hatte Leonardo Bruni eine neue Übersetzung der ›Nikomachischen Ethik‹ des Aristoteles veröffentlicht. Diese Arbeit war dringend notwendig, da, wie er meinte, der frühere Übersetzer, Robert Grosseteste – nicht wie ursprünglich angenommen Wilhelm von Moerbeke, der für den heiligen Thomas arbeitete –, schlecht Griechisch und Latein konnte, Fehler machte und eine barbarische Sprache schrieb.

Kardinal Alonso Garcia de Cartagena, Bischof von Burgos und Professor an der Universität von Salamanca, veröffentlicht eine schroffe Entgegnung.

Die Auseinandersetzung dreht sich, wie er richtig feststellt, um Form und Inhalt. Für die Humanisten ist erstere alles, für die Scholastiker ist sie nur die Dienerin des Gedankens.

Alonso Garcia schreibt: »Ich entgegne hierauf, daß Leonardo zwar ausreichend Redekunst aufgewandt, doch wenig philosophische Kultur bewiesen hat.« Er unterstreicht die Verfälschungen des Aristotelischen Denkens, die dem Humanisten auf der Suche nach schönen Formulierungen unterlaufen sind und verteidigt den früheren Übersetzer, dessen Vorgehen er folgendermaßen erklärt:

»Er hat nicht nur die Bücher des Aristoteles vom Griechischen ins Lateinische übertragen, er hat ihn auch so wahrheitsgemäß wie möglich interpretiert, und es hätte ihm weder an höchster Eleganz noch an den schönsten Verzierungen gemangelt, wenn er sie hätte einsetzen wollen ... Doch der alte Übersetzer, der sich mehr der philosophischen Wahrheit verpflichtet fühlte, wollte keine übertriebenen Ausschmückungen, um Fehler zu vermeiden, in die der neue verfallen ist. Ihm war nämlich bewußt, daß das Lateinische nicht den gleichen Ausdrucksreichtum aufzuweisen hat wie das Griechische.«

Und er gibt dem Humanisten eine Lektion in klassischer Philologie: »Die lateinische Sprache hat nicht nur ständig Anleihen bei den Griechen gemacht, sondern auch bei den barbarischen Völkern und bei allen Völkern der Erde. Gleichermaßen wurde das Lateinische später mit gallischen und germanischen Wörtern bereichert. Wenn es ein entsprechendes kurzes und präzises umgangssprachliches Wort gibt, ist es doch wohl besser, das zu nehmen, als auf lange Umschreibungen in der klassischen Sprache zurückzugreifen.«

Die gleiche Antwort gibt der Scholastiker Jean Mair, den die Spötteleien der Erasmianer und Fabristen über das Barbarische der Gotik ärgern: »Die Wissenschaft braucht keine schöne Sprache.«

Fest steht, daß das scholastische Latein am Absterben war und nicht länger Ausdruck einer Wissenschaft sein konnte, die selbst schon versteinert war. Die Umgangssprachen, denen die Zukunft gehörte, erorberten ihre Würde, und die Humanisten fanden sich bereit, ihnen dabei zu helfen. Doch das humanistische Latein machte aus dem klassischen Latein endgültig eine tote Sprache. Der Humanismus nahm der Wissenschaft die einzige internationale Sprache, die sie außer Zahlen und Formeln haben konnte. Er machte aus ihr den veralteten Schatz einer *Elite*.

Der Humanist ist ein Aristokrat. Der mittelalterliche Intellektuelle verleugnet sein Wesen, als er schließlich seiner Berufung zum wissenschaftlichen Arbeiten untreu wird. Der Humanist stellt sich von Anfang an unter das Banner des Geistes, des Genius, selbst wenn er über seinen Texten bleich wird oder seine Redekunst nach Öl riecht. Er schreibt für die Eingeweihten. Als Erasmus seine ›Adagia‹ veröffentlicht, sagen ihm seine Freunde: »Du enthüllst unsere Geheimnisse!«

Ja, das Milieu, in dem der Humanist geboren wird, unterscheidet sich sehr von der fieberhaften, für alle offenen, alle Techniken gleichzeitig vorantreibenden und in einer gemeinsamen Wirtschaft verbinden wollenden Atmosphäre des städtischen Wachstums, in dem sich der mittelalterliche Intellektuelle herausgebildet hatte.

Das Milieu des Humanisten ist das der Gruppe, der geschlossenen *Akademie*, und als der wirkliche Humanismus Paris erobert, wird er nicht an der Universität gelehrt, sondern an der Eliteinstitution des »Kollegiums der königlichen Lektoren«, dem zukünftigen »Collège de France«.

Der Humanist ist am Fürstenhof zu Hause. Innerhalb der erwähnten philologischen Auseinandersetzung mit Leonardo Bruni, scheint Alonso Garcia dies geahnt zu haben: »Die ›Urbanität‹ bezeichnet für Euch jene ›Humanität‹, die in Wort und Tat den Ehren entgegeneilt. Als ›Städter‹ bezeichnet man jene, die es sich zur Gewohnheit gemacht haben, das Knie zu beugen, ihre Kapuze herunterzuziehen, den Vortritt und die ersten Plätze selbst unter gleichen abzulehnen. Doch wir nennen jene ›Kuriale‹ oder, falls Dir dieser Ausdruck wegen seiner anderen Bedeutung im Zivilrecht mißfällt und Du mir erlaubst, die Umgangssprache zu benutzen, wir nennen sie ›Höflinge‹, und die ›Urbanität‹ nennen wir ›Kurialität‹ oder, um einen Ausdruck aus der Rittersprache zu gebrauchen, ›Höflingsart‹.« Kaum ein Jahrhundert später stellte Baldassare Castiglione das gesellschaftliche Ideal der Humanisten in seinem Werk ›Il Cortegiano‹ (›Der Hofmann‹) dar.

Die Etymologie ist eindeutig: Von der städtischen Welt *(urbs)* ist man zur höfischen Welt übergegangen. Die Humanisten unterscheiden sich nicht nur intellektuell, sondern noch stärker gesellschaftlich von den mittelalterlichen Intellektuellen.

Von Anfang an sind sie in einem Milieu der Schirmherrschaft der Großen, des Beamtentums und des materiellen Reichtums angesiedelt. Gontier Col ist Steuereinnehmer in Frankreich und der Normandie (wo er mit Karl von Navarra Geschäfte macht), Sekretär des Herzogs von Berry. Er ist Notar, dann Sekretär des Königs, Chef der Steuerfinanzen, einer der beiden Schatzmeister des Königs, Botschafter und Gesandter. Das Volk haßt ihn, und die »Cabochiens« plündern sein Pariser Haus. Als Sohn reicher Bürger konnte er bereits sein Studium in die Länge ziehen und vergrößerte dann mit Hilfe seiner Mäzene und Ämter beträchtlich seinen Besitz. Er wird geadelt und besitzt das Zinsrecht über mehrere Häuser in Sens, die Lehnsherrschaft von Paron mit einem Weinberg sowie ein herrschaftliches Haus in Paris, in der Rue Vieille-du-Temple. Er lebt in großem Stil, hat zahlreiche Diener, Teppiche, Pferde, Hunde und Falken und ist ein leidenschaftlicher Spieler. All das hindert ihn nicht daran, nach Art der Alten die *sancta simplicitas* zu loben. Er gehört zur *Cour d'Amour* Karls VI., jenem höfischen Zirkel, den die Herzöge von Burgund und Bourbon anführen. Jean de Montreuil häuft Schirmherren und Ämter an, er ist Sekretär des Königs, des Thronfolgers, der Herzöge von Berry, Burgund und Orléans und streicht gegenüber seinen Bekannten mit Vorliebe seine Beziehungen heraus. (Sie antworten ihm dann schmeichelnd: »Du setzt ja Deinen Einfluß bei Hof lieber für Deine Freunde als für Dich selbst ein.«) Gleichzeitig häuft er kirchliche Pfründe an. Aus bloßem Egoismus bleibt er Junggeselle:

Du hast es gut mit uns gemeint, Herr, hallelujah!
Du hast uns vom Joch der Ehe befreit, hallelujah!

In einem Brief an Kardinal Amédée de Saluces erklärt er, er sei »mit allem überhäuft bis zum Überdruß«. Er hat haufenweise »Bücher, Vorräte für ein ganzes Jahr, mehrere Wohnungen, Kleider, Pferde, Kunstgegenstände im Überfluß. Er ist Junggeselle, er hat unvergleichliche Freunde«; und dann intrigiert er, um ein fettes Lehen einzuheimsen.

Der Fürst hat sich das zivile Leben vorbehalten. Die Humanisten dienen ihm oft, überlassen ihm jedoch immer die Führung der Gesellschaft. Sie arbeiten in der Stille. Im übrigen verbergen sie ihren Arbeitseinsatz. Was sie hervorheben ist die Freizeit, den mit schöner Literatur erfüllten Müßiggang, das *otium* der antiken Aristokratie. Nicolas de Clamanges schreibt an Jean de Montreuil: »Erröte nicht ob dieses erlauchten und glorreichen Müßiggangs, dessen sich die großen Geister immer erfreut haben.«

Die Rückkehr aufs Land

Wo ließe sich dieser illustre, der geistigen Arbeit gewidmete Müßiggang besser pflegen als auf dem Lande? Hier findet jene Bewegung ihre Vollendung, die die Intellektuellen aus den Städten heraus und aufs Land ziehen läßt. Hier herrscht noch völlige Übereinstimmung mit der wirtschaftlichen und sozialen Entwicklung. Reich gewordene Bürger und Fürsten investieren ihr Kapital in Landbesitz, lassen dort, je nach Vermögen, bescheidene oder luxuriöse Villen oder Paläste errichten. Die neue Platonische Akademie von Florenz tritt in Careggi in der Villa der Medici zusammen.

Jean de Montreuil, Nicolas de Clamanges und Gontier Col besitzen Landsitze, in die sie sich für ihre humanistischen Freizeitbeschäftigungen zurückziehen. Jean de Montreuil rühmt die Ruhe der Abtei von Châlis und Nicolas de Clamanges die Stille des Klosters Fontaine-au-Bois. Sie finden dort den »inneren Menschen« des heiligen Bernhard wieder, jedoch mit Cicero und Horaz. Jean de Montreuil erklärt: »Du wirst dem Pomp der Höfe und dem Getöse der Städte entfliehen und auf dem Lande wohnen, die Einsamkeit lieben.«

Und so beginnt ›Das fromme Gastmahl‹ des Erasmus: »*Eusebius:* Wie grünen jetzt rings die Auen und lachen uns an! Ich wundere mich, daß es Leute gibt, denen es in den rauchigen Städten gefällt.

Timotheus: Nicht jeder hat ein Auge für Blumen und grünende Gefilde, für Quellen und Bäche, und wenn er auch nicht achtlos daran vorübergeht, so freut er sich doch mehr an andern Dingen. Wie ein Keil den andern vertreibt, so schließt eine Lust die andere aus.

Eusebius: Du hast vielleicht Wucherer und andere habsüchtige Beutelschneider im Auge.

Timotheus: Auch diese, aber nicht nur sie allein, mein Bester, sondern mit ihnen auch unzählige andere, bis zu den Priestern und Mönchen, die in der Regel Gewinnes halber lieber in volkreichen Städten wohnen. Sie folgen darin nicht der Lehre des Pythagoras oder Plato nach, sondern jenem blinden Bettler, der sich im Volksgewühl am wohlsten fühlte, weil er sagte: Wo die Leute sich drängen, ist am meisten zu holen.

Eusebius: Laß die Bettler bei ihrem Gewinn; wir sind Philosophen.

Timotheus: Auch Sokrates, der Weltweise, zog die Städte dem Lande vor, weil er den Drang in sich hatte zu lernen und in den Städten seinem Erkenntnistrieb Genüge tun konnte: Auf dem Lande gäbe es zwar Bäume und Gärten, Quellen und Bäche, die das Auge erfreuten, aber sie seien stumm und könnten uns daher nichts lehren.

Eusebius: Was Sokrates sagt, ist nicht ganz unrichtig, wenn du allein dich in den Fluren ergehst, obwohl die Natur meiner Meinung nach nicht stumm ist, sondern allenthalben mit tausend Stimmen zu einem redet, wenn sie einen aufmerksamen und gelehrigen Betrachter findet. Was anderes kündet das strahlende Antlitz der grünenden Natur als die Weisheit und Güte des Schöpfers? Doch in jener ländlichen Abgeschiedenheit, wie viel lehrte da Sokrates seinen Schüler Phädrus, und wieviel lernte er selbst von seinem Schüler!

Timotheus: In solcher Gesellschaft könnte es nichts Angenehmeres geben als einen Aufenthalt auf dem Land.

Eusebius: Wollen wir den Versuch wagen? Ich habe ein kleines Landgut vor der Stadt, es ist nicht groß, aber ein wahres Schmuckkästchen; dahin will ich euch morgen zu Tisch bitten.

Timotheus: Wir sind zu viel. Wir würden dein ganzes Gütchen kahl fressen.

Eusebius: Mitnichten! Die ganze Mahlzeit wird aus Gemüse bestehen, ein nicht gekauftes Mahl, wie Horaz sagt! Der Wein wächst auf meinem eigenen Grund. Gurken und Melonen wachsen umsonst, Feigen, Birnen, Äpfel und Nüsse spenden die Bäume wie auf den glückseligen Inseln, wenn wir Lukian glauben dürfen. Allenfalls kommt noch ein Huhn aus dem Hühnerhof dazu.

Timotheus: Nun, da wollen wir's nicht abschlagen.«

Der Bruch zwischen Wissenschaft und Lehre

So geben die Humanisten eines der Hauptanliegen der Intellektuellen auf: den Kontakt mit der Menge, die Verbindung von Wissenschaft und Lehre. Sicher wird die Renaissance der Menschheit langfristig die Ernte einer stolzen, einsamen Arbeit einbringen. Ihr Wissen, ihre Ideen, ihre Meisterwerke werden später den menschlichen Fortschritt speisen. Doch zunächst ist sie ein Rückzug, ein Zurückweichen. Sogar die Buchdruckerei begünstigt zuerst – bevor sie überall die schriftliche Kultur verbreitet – eine Einengung der Verbreitung von Gedanken. Diejenigen, die lesen können – eine kleine Elite von Privilegierten –, werden mit Kultur überhäuft. Die anderen erhalten nicht einmal mehr die Brosamen der Scholastik, die ihnen früher die Prediger und Philosophen des Mittelalters, die alle von den Universitäten kamen, zugetragen hatten. Wahrscheinlich entsteht erst zur Zeit der Gegenreformation eine Bestrebung, die, wenn auch in vielleicht anfechtbarer Form, so doch voll didaktischer und apostolischer Absichten, das Volk am kulturellen Leben zu beteiligen sucht.

Es gibt nichts Frappierenderes, als den Kontrast zwischen den Bildern, die den mittelalterlichen Intellektuellen und den Humanisten jeweils bei der Arbeit darstellen: Der eine ist Professor, im Lehren begriffen, von Schülern umringt, von den Bänken, auf denen sich die Hörer drängen, dicht umstellt. Der andere ist ein einsamer Gelehrter in seinem ruhigen Arbeitsraum; er hat viel Platz inmitten des geräumigen, reich ausgestatteten Zimmers, in dem sich seine Gedanken frei bewegen.

Hier der Lärm der Schulen, der Staub der Säle, die Gleichgültigkeit gegenüber den Bedingungen kollektiver Arbeit, doch

»Alles dort ist Schönheit und Genuß
Gleichmaß, Beschaulichkeit und Überfluß.«

Nachwort zur Neuausgabe (1984)

Es mag anmaßend erscheinen, ein Geschichtswerk siebenundzwanzig Jahre nach seinem ersten Erscheinen in unveränderter Form neu aufzulegen. Doch ich halte die in diesem Buch dargelegte Anschauung der schulischen und universitären Welt des Mittelalters an keinem wesentlichen Punkt für überholt. Im Gegenteil, die zentrale These dieser Arbeit scheint mir seit 1957 ständig bestätigt und bereichert worden zu sein. Sie drückt sich zuerst im Begriff des »Intellektuellen« aus, dessen Bedeutung darin besteht, die Aufmerksamkeit von den Institutionen auf die Menschen, von den Ideen auf die gesellschaftlichen Strukturen, die Praktiken und Gesinnungen zu lenken, das universitäre Phänomen des Mittelalters in einen langfristigen Zusammenhang zu stellen. Die Flut von Studien über »den Intellektuellen« oder »die Intellektuellen« seit Erscheinen dieses Buches ist nicht nur Mode, darf nicht nur Mode sein. Wenn man sich für ein ernsthaftes komparatistisches Vorgehen entscheidet und den soziologischen Anspruch, der die Kohärenz von Grundformen und Strukturen herausarbeitet, nicht von der geschichtlichen Studie trennt, die Lebensbedingungen, Veränderungen, Wendepunkte, Brüche, Differenzen, das Eintauchen in die gesamte Gesellschaft einer Epoche, unterstreicht, ist der Gebrauch des Begriffs des »Intellektuellen« gerechtfertigt und sinnvoll. Ich habe 1957 auf einen theoretischen Exkurs über diesen Begriff verzichtet, den ich der Geschichte, der Soziologie, der Epistemologie der abendländischen Welt seit dem 19. Jahrhundert entlehnt hatte, und ich werde auch heute diese Frage hier nicht anschneiden.

Es ist jedoch kein Zufall, daß die Mehrzahl der interessantesten Studien über die »Intellektuellen« der Vergangenheit in Gramscis Italien erschienen ist. Eine Übersicht wurde von Alberto Asor Rosa[1] zusammengestellt; der Begriff des »Intellektuellen« wurde in einem Kolloquium in Genua auf das Altertum ausgedehnt[2]; in einer bemerkenswerten Studie hat Giovanni Tabacco den Ort »des mittelalterlichen Intellektuellen im Zusammenspiel der gesellschaftlichen Institutionen und Mächte« bestimmt; der Aufsatz erschien bei Einaudi, dem Verleger Gramscis, in einem Band zur Geschichte Italiens, der ausschließlich den Beziehungen der Intellektuellen zur Macht gewidmet ist.[3]

Um zu »meinen« Intellektuellen zurückzukommen: Ich fühle mich durch Giovanni Santini bestätigt, der in einer ausgezeichneten Studie über das Entstehen der Universität Modena, der Ende des 12. Jahrhunderts gegründeten zweiten italienischen Universität nach Bologna, zu meinem Buch von 1957, besser als ich es gekonnt habe, ausführt: »Die Geburt des ›Intellektuellen‹ als neuer soziologischer Typus setzt die Arbeitsteilung in der Stadt voraus, genau wie das Entstehen der unversitären Einrichtungen einen gemeinsamen kulturellen Raum voraussetzt, in dem diese neuen ›Kathedralen des Wissens‹ auftauchen, aufblühen und sich frei auseinandersetzen können.«[4]

Die Arbeitsteilung, die Stadt, die neuen Institutionen, ein der ganzen Christenheit gemeinsamer kultureller Raum, der nicht mehr in der geographischen und politischen Zersplitterung des Hochmittelalters verkörpert ist, das sind die wesentlichen Züge der neuen geistigen Landschaft der abendländischen Christenheit an der Wende des 12. zum 13. Jahrhundert.

[1] A. Asor Rosa, »Intellettuali«. In: *Enciclopedia* VII (1979), S. 801–827.

[2] Instituto di filologia classica e medievale, *Il comportamento dell'intellettuale nella società antica.* Genua 1980.

[3] G. Tabacco, Gli intellettuali del medioevo nel giuoco delle istituzioni e delle preponderanze sociali. In: *Storia d'Italia, Annali 4,* hg. v. C. Vivanti. Turin 1981, S. 7–46.

[4] G. Santini, *Università e società nel XII secolo. Pilio da Medicina e lo Studio di Modena.* Modena 1979, S. 112.

Entscheidend für den mittelalterlichen Intellektuellen ist in der Tat seine Bindung an die Stadt. Die schulische Entwicklung ist Teil der städtischen Revolution des 10. bis 13. Jahrhunderts.

Es gibt einen tiefen Graben zwischen der den zukünftigen Mönchen vorbehaltenen Klosterschule und der städtischen Schule, die grundsätzlich allen Studenten, auch denen, die Weltliche bleiben, offensteht. Doch ich hätte die Anziehungskraft der städtischen Schulen und Universitäten auf die Klosterwelt stärker herausarbeiten sollen. Die Bettelorden fädelten sich – trotz einer bei den Franziskanern vom heiligen Franziskus selbst angeregten Debatte über Armut und Wissen – auf Anhieb in die Welt der städtischen Schulen ein; doch noch bedeutsamer ist die Bekehrung einiger Mönchsorden (Prämonstratenser, Zisterzienser) zur universitären Lehre durch die bereits im 13. Jahrhundert in den Universitätsstädten erfolgte Gründung von Kollegien für die Novizen ihrer Orden.

Die neuen Intellektuellen sind Städter, Fachleute. Wie die Kaufleute, die »Zeitverkäufer«, sind sie »Wortverkäufer«, und müssen das traditionelle Klischee von der Wissenschaft als unverkäuflicher Gottesgabe überwinden.

Im Gefolge des amerikanischen Mediävisten Gaines Post habe ich den beruflichen, korporativen Charakter der Lehrkörper und Studenten der Universitäten unterstrichen. Neben den großen Werken von Pearl Kibre haben zahlreiche Studien die materiellen, technischen und rechtlichen Bedingungen des universitären Berufes genau beschrieben.

Ich hätte in diesem Zusammenhang den revolutionären Charakter des universitären Curriculums als Rekrutierungsmodus der herrschenden Eliten stärker betonen sollen. Das Abendland kannte nur drei Zugangsweisen zur Macht: Geburt, die bedeutendste; Reichtum, bis zum 13. Jahrhundert außer im antiken Rom, sehr nebensächlich;

und Auslosung, deren geringe Bedeutung sich auf die Bürger der griechischen Dörfer der Antike beschränkte. Die christliche Kirche hatte im Prinzip allen den Weg zu kirchlichen Ehren geöffnet. In Wirklichkeit fielen jedoch die Ämter der Bischöfe oder der Äbte oder sonstiger kirchlicher Würdenträger mehrheitlich den Mitgliedern des Adels, wenn nicht der Aristokratie zu. Die jungen Adligen und bald auch die Söhne des Bürgertums bilden zwar den größten Teil der Studenten und Magister, doch das universitäre System ermöglicht auch einer gewissen Anzahl von Bauernsöhnen einen wirklichen sozialen Aufstieg. Es ist folglich bedeutsam, daß sich Studien auch mit den »armen« Studenten beschäftigt haben. In der Typologie der Armut, deren Erfolge Michel Mollat und seinen Schülern zu verdanken sind, stellt die universitäre Armut einen besonderen Fall dar. Die Analyse ihrer Wirklichkeit und ihrer Lebensumstände übersteigt den Bereich des Anekdotischen, und die Arbeiten von Jean Paquet hierüber sind sehr erhellend. Ich hätte vor allem deutlicher zeigen sollen, daß dieser soziale Aufstieg mit Hilfe eines im Abendland völlig neuen und revolutionären Verfahrens erfolgte: dem *Examen.* Das Abendland schloß sich so – in bescheidener Weise – einem System an, das man, nach Meinung meines Freundes Vadim Elisseeff, aus komparatistischer Sicht untersuchen sollte: dem chinesischen.

Diese berufliche, gesellschaftliche und institutionelle Entwicklung läuft auf ein Ziel hinaus: die Macht. Die mittelalterlichen Intellektuellen weichen nicht ab vom Schema Gramscis, das zwar wirklich sehr allgemein, aber dennoch brauchbar ist: In einer ideologisch von der Kirche streng überwachten Gesellschaft, die politisch mehr und mehr von einer Doppelbürokratie aus Weltlichen und Geistlichen kontrolliert wird (der größte »Erfolg« ist diesbezüglich die päpstliche Monarchie, die gerade im 13. Jahrhundert beide Aspekte verbindet), sind die Intellektuellen des Mittelalters vor allem »organische« Intellektuelle, treue Diener der Kirche und des Staates. Die Universitäten werden mehr und mehr zu Bildungsstätten für hohe Funktionäre. Doch viele von ihnen sind, weil die Rolle des Intellektuellen, die universitäre Freiheit, sie trotz aller Eingrenzungen dazu drängen, mehr oder weniger kritische Intellektuelle, bis an die Schwelle zur Ketzerei. Unter historisch unterschiedlichen Bedingungen und je nach Persönlichkeit veranschaulichen vier bedeutende Intellektuelle des 13. und 14. Jahrhunderts die Vielfalt der kritischen Haltungen in der mittelalterlichen Hochschulwelt: Abaelard, Thomas von Aquin, Siger von Brabant und Wyclif.

Vor allem hätte ich – doch ich hatte Herbert Grundmanns bereits 1951 erschienenen Artikel ›Sacerdotium – Regnum – Studium‹ nicht gelesen – die Entstehung der universitären *Macht* besser aufspüren müssen. Ich hätte auch in den drei Mächten: Kirche, Monarchie und Universität das von Georges Dumézil herausgearbeitete trifunktionale System erkennen müssen. Neben der religiösen und der politisch-kriegerischen Funktion behauptet sich also eine wissenschaftliche, die ursprünglich einen Aspekt der dritten Funktion, des Überflusses, der produktiven Wirtschaft darstellte. Das ist die theoretische Rechtfertigung des Intellektuellen, der, wie der Händler, aufgrund seiner Arbeit, seiner Nützlichkeit, seiner Erzeugung von Konsumgütern, aus seinem Beruf Profit schlagen darf. Die Anstrengungen, um auch an der kirchlichen Macht teilzuhaben (die Verbissenheit, mit der er seine rechtliche Situation als Kleriker verteidigt), um politischen Einfluß auszuüben (in Paris ab Ende des 13. Jahrhunderts wahrzunehmen), drücken den Willen des Kopfarbeiters aus, sich um jeden Preis, unter Mißachtung seiner Anfänge im städtischen Aufbau, vom Handarbeiter abzugrenzen. Der Pariser intellektuelle Außenseiter Rutebeuf, Zeitgenosse Ludwigs des Heiligen, beteuert: »Ich bin kein Hand-Werker.«

Ohne in Anachronismus zu verfallen, sah ich mich veranlaßt, die neue geistige Arbeit als Verbindung von Forschung und Lehre im städtischen und nicht mehr klösterlichen Raum zu definieren. Ich habe folglich unter denen, die sich aus der Menge der Magister und Studenten auf die Gipfel der wissenschaftlichen und geistigen Schöpfung und des magistralen Ruhms geschwungen haben, die Gallionsfiguren ausgesucht. Vielleicht war es ein Fehler, die Vulgarisierer, Kompilatoren und Enzyklopädisten auszuklammern, denn nach ihrem Durchlaufen der Universitäten haben sie unter den gebildeten Klerikern und Laien, sowie über Predigten unter der Masse der Bevölkerung einfach alles, was die scholastische Forschung und Lehre hervorbrachte, weiterverbreitet. Vieles hängt hier von der subjektiven Sicht ab. Das heute verschrieene Kompilieren war im Mittelalter ein wesentlicher Bestandteil der geistigen Arbeit, nicht nur der Verbreitung, sondern auch der Entwicklung des Denkens. Pater Chénu, der große Theologe und Historiker, der den von diesem Bändchen eingeschlagenen Forschungsweg als erster beschritten hat, hatte wenig übrig für Petrus Lombardus, den 1160 verstorbenen, aus Italien stammenden Bischof von Paris, der in seinen ›Vier Büchern der Lehrmeinungen‹ (Sentenzen) aus der Bibel eine Textsammlung für die Schulwissenschaft machte, die im 13. Jahrhundert zum Grundlehrbuch der theologischen Fakultäten wurde. Mir erscheint Lombardus jedoch als bedeutsamer Intellektueller, genau wie jener bücherverschlingende Pariser Domherr Petrus Comestor, der mit seiner ›Historia scholastica‹ und anderen Schriften die geistigen Neuheiten seiner Zeit zu elementarem, für zukünftige Magister und Studenten grundlegendem Arbeitsmaterial fügt. Andererseits widerstrebt es mir, jenen Ludwig dem Heiligen nahestehenden Dominikaner namens Vinzenz von Beauvais unter die herausragenden Intellektuellen des 13. Jahrhunderts zu zählen; sein ›Speculum majus‹ ist eine Enzyklopädie, in die ohne jede gedankliche Originalität das gesamte Wissen seiner Epoche einging, ein Arsenal für die Verbreitung dieses Wissens unter den kommenden Generationen. Ich würde auch Robert von Sorbon nicht dazurechnen, den Pariser Domherrn, dessen Werk (vor allem Predigten) noch im wesentlichen unveröffentlicht ist, dessen historische Bedeutung jedoch darin besteht, daß er ein Kollegium für zwölf arme Theologiestudenten gründete, den Kern der späteren Sorbonne, dem er dann seine Bibliothek vermachte, eine der bedeutendsten privaten Bibliotheken des 13. Jahrhunderts. Dieser Robert von Sorbon – auf den Joinville eifersüchtig war, weil er den vertrauten Umgang mit Ludwig dem Heiligen mit ihm teilen mußte, und den er, der Adlige, bei jeder sich bietenden Gelegenheit an seine bäuerliche Herkunft erinnerte – war ein zweitrangiger »organischer« Intellektueller. Doch er hat gut gesät.

Heute zögere ich stärker denn je, innerhalb der geistigen Welt des Mittelalters Grenzen zwischen den Universitätsangehörigen im eigentlichen Sinne und den »Literaten« des 13. bis 15. Jahrhunderts zu ziehen. Ich habe Rutebeuf und Jean de Meung, den Autor des zweiten Teils des ›Roman de la Rose‹, miteinbezogen, weil sie als ehemalige Pariser Studenten in ihren Werken die ideologischen Konflikte an der Universität Paris im 13. Jahrhundert widerspiegeln und einige wichtige Züge der Universitätsmentalität ausdrücken: die Neigung zum logischen Schließen (ohne daß man von Rationalismus sprechen kann), korporativen Geist, Antiklerikalismus – vor allem gegen die Bettelorden gerichtet – sowie den Hang zum Protest. Und wenn ich die Intellektuellen des ausgehenden Mittelalters näher untersucht hätte, hätte ich auf den außenseiterischen Studenten François Villon zurückgegriffen. Außerdem bereue ich, daß ich einigen großen, von universitärer Bildung und universitärem Geist durchdrungenen Schriftstellern, deren Werke teilweise in den Bereich der Theologie oder der Wissenschaft fallen, ihren Platz nicht zuerkannt habe. Ich denke vor allem an Dante, dieses wahrhaft nicht einzuordnende Genie, und an Chaucer, bei dem wissenschaftliche Neugier und schöpferische Phantasie gleichermaßen vorhanden sind, auch wenn er seinen Ruhm der letzteren verdankt. Ich bedaure noch mehr – diesmal nicht in Bezug auf den Gipfel der geistigen Welt, sondern auf ihre Basis –, nicht jene Berufsintellektuellen herausgestrichen zu haben, die im 12. Jahrhundert die Rolle der Kultur innerhalb des städtischen Aufschwungs ankündigten. Neben einigen Grammatik und Rhetorik lehrenden Geistlichen waren vor allem Advokaten, Richter und Notare unter den Urhebern der städtischen Macht. Heute gesteht man den kulturellen Elementen in Wesen und Funktionsweise der mittelalterlichen Städte zu Recht mehr und mehr ihren Platz neben den wirtschaftlichen und den spezifisch juristischen und politischen Aspekten zu. Der Händler spielt nicht mehr die einzige und vielleicht sogar nicht mehr die wichtigste Rolle in der städtischen Entstehungsgeschichte des mittelalterlichen Abendlands. All jene, die durch ihre Schriftkenntnisse, ihr juristisches Fachwissen, vor allem im Römischen Recht, und ihr Unterrichten der »Freien« und gelegentlich der handwerklichen Künste ermöglicht haben, daß die Stadt sich behaupten konnte und daß insbesondere die italienische *Comune* zu einem bedeutenden gesellschaftlichen, politischen und kulturellen Faktor werden konnte, sie alle verdienen als die Intellektuellen des städtischen Wachstums, als eine der sozio-professionellen Gruppen angesehen zu werden, denen die mittelalterliche Stadt hauptsächlich ihre Macht und ihre Gestalt verdankt.

Seit 1957 haben wertvolle Studien unser Wissen über die Universitäten und die Universitätsangehörigen des Mittelalters bereichert, ohne den von mir vorgegebenen Rahmen zu verändern. Ihre Einarbeitung in meinen Aufsatz hätte jedoch zu einer fast vollständigen Neufassung meines Textes geführt. In der umfangreichen Bibliographie findet sich die Liste der bedeutendsten Arbeiten, deren Lektüre die Verdichtung meines Textes ermöglicht.

Ich erwähne im folgenden drei Bereiche, in denen die neueren Beiträge besonders bemerkenswert sind.

Zuerst der der Dokumentation. Umfassende Bibliographien sind veröffentlicht worden. Sie ermöglichen vor allem eine bessere Kenntnis derjenigen universitären Zentren, die im Schatten der »großen« Universitäten standen oder in mehr oder weniger abgelegenen Gegenden lagen, und dadurch bisher nicht allgemein bekannt waren. Prosopographische Arbeiten von beeindruckendem Umfang führen den quantitativen Aspekt in die Geschichte der mittelalterlichen Intellektuellen ein. Die Liste der Universitätsangehörigen, die Oxford oder Cambridge durchlaufen haben, die aus der Schweiz, der Lütticher Gegend oder aus Schottland stammen, wird der sozialen und der politischen Geschichte sowie der Geschichte der Institutionen kostbare Daten liefern. Schließlich haben die Veröffentlichungen sowie die computertechnische Auswertung mancher Quellen im Anschluß an die Arbeiten des ausgehenden 19. und beginnenden 20. Jahrhunderts neu eingesetzt; möglicherweise wird man dadurch einige Standpunkte revidieren können. Die Bibliographie der vorliegenden Ausgabe meines Buches enthält aber, bis auf wenige Ausnahmen, keine Hinweise auf Dokumentenveröffentlichungen, denn dieser Aufsatz richtet sich, auch wenn er auf langwierigen wissenschaftlichen Forschungen beruht, nicht an die Fachwelt. Dennoch möchte ich hier all jene Wissenschaftler würdigen, die in der Vergangenheit und in einer Gegenwart, in der ihre Aufgabe durch die Entwicklung der wissenschaftlichen Arbeitsbedingungen keineswegs erleichtert wird, durch ihre Mühe und oft durch ihren Scharfsinn den neuen Auslegungen und Fragestellungen der Historiker solide Grundlagen verschaffen.

Der zweite Fortschritt bezieht sich auf den Alltagsbereich. Man weiß immer besser, wo und wie Magister und Studenten wohnten, wie sie sich kleideten, was sie aßen (und tranken), wie sie ihre Zeit einteilten, man kennt ihre Sitten, ihre Frömmigkeit, ihr Sexualleben, ihre Zerstreuungen, ihren Tod und ihre Testamente, manchmal ihre Begräbnisse und ihre Grabmäler. Man weiß natürlich auch mehr über ihre Arbeitsmethoden und -instrumente, ihre Rolle bei der Entwicklung der geistigen Techniken und ihre Haltung zum Manuskript und später zum gedruckten Buch. Saenger hat gezeigt, wie die Universitätsseminare zum Fortschritt des mittelalterlichen Lesers vom lauten Vorlesen zum visuellen, stummen Lesen beitrugen. Eine Anthropologie der mittelalterlichen Intellektuellen ist im Entstehen.

Schließlich wird die Rolle der Universitäten und der Universitätsangehörigen in der Politik, und nach dem 13. Jahrhundert mehr und mehr in der großen Politik, immer deutlicher enthüllt. Im Frankreich des Übergangs von den Kapetingern zum Hause Valois und der Zerrissenheit im Hundertjährigen Krieg (eine mit den Besatzern kollaborierende und Jeanne d'Arc hinrichtende Universität Paris), im England der Kämpfe der Barone gegen die Könige im 13. Jahrhundert und der Dynastiefolgen des 14. und 15. Jahrhunderts, in der Errichtung des tschechischen, polnischen oder schottischen Staates, im Großen Schisma und bei den großen Konzilien in Konstanz und Basel – überall behauptet sich die Universität als aktive, als politische Macht.

Zum Abschluß der Reumutsliste möchte ich betonen, daß meine Reue besonders bezüglich der Diachronie groß ist. Das Thema dieses Aufsatzes ist das Auftauchen und der Triumph eines neuen sozio-professionellen Typus im 12. und 13. Jahrhundert. Ich habe das Hochmittelalter nur als Vorgeschichte, als barbarische und stammelnde Vorgeschichte meines Themas erwähnt und das, was man nicht mehr »Spätmittelalter« zu nennen wagt, das 14. und 15. Jahrhundert, bezeichne ich nur als Niedergang, als Verrat am vorangegangenen Vorbild.

Sicher habe ich das Hochmittelalter zu schwarz und einseitig dargestellt. Die Karolingerzeit hat sich weder in ihrer Ursprünglichkeit noch durch ihre lange Dauer von intellektuellen Modellen, die, *mutatis mutandis*, denen aus der Hochzeit des Mittelalters vergleichbar sind, unterschieden. Es ging mir auch nie darum, die geistige Realität einer »Karolingischen Renaissance« zu leugnen; man hat nur ihre Intensität häufig übertrieben. Doch ich glaube, daß sich Wesen und Wirken der Schulen und der Denker, die die neuen Ideen hervorbrachten, in Kirche und Reich während der Karolingerzeit sehr unterschieden von denen zur Zeit der vorherrschenden städtischen Kultur und daß ihre Verbreitung nicht über begrenzte aristokratische – kirchliche und weltliche – Kreise hinausging. Sicher müßte man die Wirkungsweise der städtischen Schulen des 10. und 11. Jahrhunderts im Rahmen der damaligen Gesellschaft näher untersuchen. In Lüttich, in Reims, in Laon zeichnet sich im intellektuellen Betrieb bereits etwas ab, das die Scholastik ankündigt, doch von den Freien Künsten bis zu den anderen Fakultäten (Theologie, Medizin und beide Rechte), von der Weisheit *(sapientia)* zur Wissenschaft (*scientia,* einschließlich der theologischen Wissenschaft) gibt es mehr Bruch als Kontinuität. In Rather von Verona, Gerbert von Reims oder dem heiligen Anselm finden sich bestimmte Züge der großen Intellektuellen des 12. Jahrhunderts, doch die bischöflichen Kirchen, in denen sie denken und lehren, sind nicht die im 12. Jahrhundert gebildeten universitären Körperschaften. Um das Pariser Beispiel zu nehmen: Beim Wechsel von Petrus Lombardus, Petrus Comestor, Petrus Cantor zu Alexander von Hales, Wilhelm von Auvergne (auch wenn er Bischof von Paris war), Johannes von Garland, ändert sich der Typus des »Magisters«. Wenn man auf das linke Seineufer überwechselt, von der Cité ins Quartier Latin, von der Domschule zu den Schulen der Universitätsdozenten, so hat sich die Landschaft nach einigen Jahrzehnten und nach einigen hundert Metern grundlegend verändert.

Besonders viele Veränderungen gab es – wenn auch im selben institutionellen Rahmen – im 14. und 15. Jahrhundert. Meine Arbeit ist in dieser Hinsicht völlig unzureichend, und die Arbeiten des letzten Vierteljahrhunderts können hier zu erheblichen Korrekturen verhelfen. Ja, der universitäre Unterricht der Kollegien unterscheidet sich von dem der Universität ohne eigene Lehrgebäude des

13. Jahrhunderts; ja, es gibt keine vorherrschende Doktrin mehr, wie es der Aristotelismus war (allerdings kürzer und unvollständiger, als es eine neothomistische Historiographie der Scholastik dargestellt hat); ja, die »Vernunft« hat Ende des Mittelalters andere Formen angenommen, als in seiner Blütezeit. Ja, es hat eine universitäre Krise gegeben, die einen Aspekt *der* Krise des 14. und 15. Jahrhunderts darstellt. Wie diese tritt auch sie vor der Schwarzen Pest von 1348, am Übergang des 13. zum 14. Jahrhundert auf, ab 1270, zweifellos im Gefolge der Glaubensurteile des Bischofs Etienne Tempier in Paris. Ja, es stimmt beispielsweise, daß einer der großen Anhänger der *devotio moderna*, jener neuen, die Gesellschaft des ausgehenden Mittelalters faszinierenden Glaubensformen, Gert Groote, der Sohn eines reichen Kaufmanns aus Deventer, sich 1374, nach akademischen Erfolgen an der Universität Paris, in ein Karthäuserkloster bei Arnheim zurückzieht und heftige anti-universitäre Gefühle kundtut, denen zufolge die Wissenschaft nur unnütz ist, Instrument der Gier und Verderben der Seele. Allein der Glaube und ein einfaches Leben bringen Rettung.[1] Ja, ein neuer Intellektuellentypus tritt auf, der Humanist, der den mittelalterlichen Intellektuellen zu ersetzen sucht und sich oft gegen ihn behauptet. Doch ein Faktor, den wir heute erst langsam besser erkennen, stiftet Verwirrung: Einige Universitätsintellektuelle sind nämlich, ohne ihren Nährboden zu verleugnen, auch Humanisten, so zum Beispiel Gerson oder Nikolaus von Kues. Mehr noch, die geographische Ausdehnung der universitären Welt verändert die universitäre Landschaft, ohne ihren Rahmen zu sprengen. Neue Universitäten entstehen in deutschen Ländern (Wien 1383, Erfurt 1379/1392, Heidelberg 1385, Köln 1388, Würzburg 1402, Leipzig 1409 usw.), in Böhmen (Prag 1347), in Polen (Krakau 1364/1400), ganz zu schweigen von der Blütezeit der

[1] Siehe R. W. Southern, *Western Society and the Church in the Middle Ages.* Harmondsworth 1980, S. 344f.

schottischen, spanischen, portugiesischen, französischen und italienischen Universitäten. Die neuen Universitäten werden nach dem Modell von Bologna oder Paris geschaffen, mit dem System der Fakultäten oder »Nationen«, dem Begriffspaar Magister/Student usw., entwickeln allerdings oft neue Beziehungen zu den Städten, zum Staat oder zur Religion (Hussitenbewegung in Prag, Bekehrung der Litauer in Krakau, Averroismus in Padua etc.).

Zwar stagniert die klassische Scholastik und teilweise auch die Theologie, und die kirchliche Kontrolle lähmt viele Fakultäten durch die Zensur, doch das ist nicht überall so. Im Licht einiger, vor allem polnischer, Krakau behandelnder Arbeiten, erscheint die späte Scholastik origineller, schöpferischer und von höherem Niveau, als vermutet. Der Besuch der Universitäten nimmt nicht ab, sondern zu, auch in den großen alten Universitäten. Unter anderem räumen die sehr guten Arbeiten von Jacques Verger mit den diesbezüglichen Vorurteilen auf. Der Gegensatz Scholastik – Humanismus muß neu überdacht werden. Bei der Verbreitung des Buchdrucks spielen die Universitäten eine bedeutendere Rolle als angenommen.

Die größere Anzahl der Quellen ermöglicht eine bessere Untersuchung der Beziehungen zwischen Universität und Gesellschaft. In diesem Zusammenhang gibt es mehrere sehr aufschlußreiche Studien über Oxford und Cambridge.

Jedenfalls sind die partielle Rehabilitierung der Universität des ausgehenden Mittelalters (alles wäre übrigens viel einfacher, wenn der traditionelle Schnitt zwischen Mittelalter und Renaissance aufgegeben und die Zeit bis zum 19. Jahrhundert als ein langes Mittelalter angesehen würde) sowie die reichhaltigen Informationen über die gesellschaftlichen Aspekte der Universitäten des 14. und 15. Jahrhunderts zutiefst mit einer wesentlichen Entwicklung der universitären Welt verknüpft. Die Universitäten, die Universitätsdozenten haben nicht mehr das Monopol der geistigen Produktion und des Hochschulunterrichts. Intellektuelle Kreise wie etwa im Florenz der Medici, Kollegien, unter denen das berühmteste das »Collège de France« in Paris sein wird, erarbeiten und verbreiten ein zum großen Teil neues Wissen unter neuen elitären Bedingungen. Die Universitäten messen ihrerseits ihrer sozialen Aufgabe wachsende Bedeutung zu. Sie bilden immer mehr Juristen, Mediziner und Schulmeister aus für die Staaten, in denen neue gesellschaftliche Schichten, die sich zweckorientierteren und weniger ruhmreichen Berufen widmen, ein Wissen anstreben, das ihrer Berufslaufbahn besser entspricht, sowie für Fürstenhöfe, die denjenigen Gelehrten, die sich vom Unterricht zurückgezogen haben, Unterhalt und Ehre sichern. Der mittelalterliche, aus der Stadt und von der universitären Arbeit kommende Intellektuelle, der zur Führung einer inzwischen zersplitterten Christenheit bestimmt war, verschwindet.

Jacques Le Goff
November 1984

Bibliographie

I. Das intellektuelle und kulturelle Klima im Mittelalter

F. Alessio, Il pensiero dell'occidente feudale. In: Vegetti, Alessio, Fabietti, Papi, *Filsofie e società.* Bd. 1, Bologna 1975.

Arts libéraux et philosophie au Moyen Age. Actes du 4e Congrès international de philosophie médiévale, Montréal 1967. Paris, Montréal 1969.

J. W. Baldwin, *The Scholastic Culture of the Middle Ages 1000–1300.* Lexington, Mass. 1971.

G. Beaujouan, *La Science antique et médiévale.* In: *Histoire générale des sciences.* Hg. R. Taton. Bd. 1, Paris 1957.

S. Cilento, *Medioevo monastivo e scolastico.* Mailand 1961.

The Cultural Context of Medieval Learning. Proceedings of the 1st International Colloquium on Philosophy, Science and Theology in the M. A., September 1973. Hg. J. E. Murdoch u. E. D. Sylla. Dordrecht, Boston 1975.

Culture et travail intellectuel dans l'occident médiéval. Bilan des colloques d'humanisme médiéval (1960–1980). Hg. G. Hasenohr u. J. Longère. Paris 1981.

E.-R. Curtius, *Europäische Literatur und lateinisches Mittelalter.* Bern 1948.

Ph. Delhaye, *La Philosophie chrétienne au Moyen Age.* Paris 1959.

O. Dobiache-Rojdesventsky, *La Poésie des goliards.* Paris 1981.

A. Forest, F. van Steenberghen u. M. de Gandillac, *Le Mouvement doctrinal du IXe au XIVe siècle.* In: *Histoire de l'église.* Bd. 13, Paris 1956.

E. Gilson, *L'Esprit de la philosophie médiévale.* Paris 1978.

H. Grundmann, Litteratus-illitteratus der Wandlung einer Bildungsnorm von Altertum zum Mittelalter. In: *Archiv für Kulturgeschichte* 40 (1958).

A. Hughes, *Medieval Music. The Sixth Liberal Art.* Toronto 1974.

E. Jeauneau, *La Philosophie médiévale.* Paris 1976.

B. Lacroix, *L'Historien au Moyen Age.* Montréal, Paris 1971.

H. de Lubac, *L'Exégèse médiévale. Les quatre sens de l'écriture.* 4 Bde, Paris 1959–1961.

G. Makdisi, The Scholastic Method in Medieval Education. An Inquiry into its Origins in Law and Theology. *Speculum* (1974).
A. Murray, *Reason and Society in the Middle Ages.* Oxford 1978.
E. Panofsky, *Architecture gothique et pensée scolastique.* Paris 1967.
J. Paul, *Histoire intellectuelle de l'occident médiéval.* Paris 1973.
P. Renucci, *L'Aventure de l'humanisme européen au Moyen Age.* Paris 1953.
P. Saenger, Silent Reading. Its Impact on Late Medieval Script and Society. *Viator* (1982).
B. Smalley, *The Study of the Bible in the Middle Ages.* Oxford 1952.
J. Stiennon, *Paléographie du Moyen Age.* Paris 1973.
L. Thorndike, Elementary and Secondary Education in the Middle Ages. *Speculum* (1940).
P. Vignaux, *Philosophie au Moyen Age.* Paris 1958.
J. Verger, Tendances actuelles de la recherche sur l'histoire de l'éducation en France en Moyen Age (XIIe–XVe siècles). *Histoire de l'éducation* (1980) 6.
H. Waddell, *The Wandering Scholars.* London 1934.
J. A. Weisheipl, Classification of the Sciences in Medieval Thought. *Medieval Studies 27* (1965).
M. de Wulf, *Histoire de la philosophie médiévale. Paris 1934–1935.*

II. Vor der Gründung der Universitäten

F. Alessio, La filosofia e le »artes mechanicae« nell secolo XII. *Studi medievali* 6 (1965) 1.
J. W. Baldwin, *Masters, Princes and Merchants. The Social Views of Peter the Chanter and his Circle.* 2 Bde, Princeton UP 1970.
R. L. Benson u. G. Constable (Hg.), *Renaissance and Renewal in the XIIth Century.* Cambridge, Mass. 1982.
B. Bischoff, *Mittelalterliche Studien. 2 Bde,* Stuttgart 1966–1967.
P. Classen, Die hohen Schulen und die Gesellschaft im 12. Jahrhundert. *Archiv für Kulturgeschichte 48* (1966).
M. D. Chenu, *La Théologie au XII siècle.* Paris 1976.
M. D. Chenu, Civilisation urbaine et théologie. L'Ecole de Saint-Victor au XIIe siècle. *Annales ESC* 29 (1974).

Ph. Delhaye, L'organisation scolaire au XIIe siècle. *Traditio* 5 (1947).
Entretiens sur la Renaissance du XIIe siècle. Hg. M. de Gandillac u. E. Jeauneau. 1968.
R. Foreville, L'école de Caen au XIe siècle et les origines normandes de l'université d'Oxford. In: *Etudes médiévales offertes à M. Le Doyen.* Paris 1952.
U. Gualazzini, *Ricerche sulle scuole preuniversitarie del Medio Evo. Contributo di indagini sul sorgere delle università.* Mailand 1943.
N. M. Häring, Chartres and Paris Revisited. *Essays in Honour of Auton Charles Pegis.* Toronto 1974.
D. Illmer, *Erziehung und Wissensvermittlung im frühen Mittelalter. Ein Beitrag zur Entstehungsgeschichte der Schule.* Hain 1970.
E. Jeauneau, *Nani sulle spalle di giganti.* Neapel 1969.
P. O. Kristeller, The School of Salerno. Its Development and its Contribution to the History of Learning. In: Kristeller, *Studies in Renaissance Thought and Letters.* Rom 1956.
A. M. Landgraf, *Introduction à l'histoire de la littérature théologique de la scolastique naissante.* (Franz. Ausg. von A. M. Landry). Montréal, Paris 1973.
E. Lesne, *Histoire de la propriété ecclésiastique en France.* Bd. 5: *Les écoles de la fin huitième à la fin du douzième siècle.* Lille 1940.
J. Longère, *Œuvres oratoires de maîtres parisiens au XIIe siècle. Etude historique et doctrinale.* 2 Bde, Paris 1975.
H. C. MacKinney, *Bishop Fulbert and Education at the School of Chartres.* Notre Dame UP 1957.
G. Post, Alexander III, the »Licentia Docendi« and the Rise of Universities. In: *Anniversary Essays in Medieval History by the students of C. H. Haskins.* Boston, New York 1929.
La Renaissance du XIIe siècle. Les écoles et l'enseignement. Hg. G. Paré, A. Brunet u. P. Tremblay. Paris 1933.
P. Riché, *Ecoles et enseignement dans le Haut Moyen Age.* Paris 1979.
P. Riché, Recherches sur l'instruction des laïcs du IXe au XIIe siècle. *Cahiers de civilisation médiévale* (1962).
G. Santini, *Università e società nell XII seculo. Pillio da Medicina e lo Studio di Modena.* Modena 1974.
La scuola nell'Occidente latino dell'alto Medioevo. Settimane di

studio del centro italiano di studi sull'alto Medioevo, 19. Spoleto 1972.
G. Théry, *Tolède, ville de la renaissance médiévale, point de jonction entre la philosophie musulmane et la pensée chrétienne.* Oran 1944.
O. Weijers, Terminologie des universités naissantes. Etude sur le vocabulaire utilisé par l'institution nouvelle. *Soziale Ordnungen im Selbstverständnis des Mittelalters.*2 Bde, Berlin, New York 1979–1980.
E. Werner, *Stadtluft macht frei. Frühscholastik und bürgerliche Emanzipation in der ersten Hälfte des 12. Jahrhunderts.* Berlin 1976.
P. Wolff, *Histoire de la pensée européenne. Bd. 1: L'Eveil intellectuel de l'Europe.* Paris 1971.

III. Allgemeines über die Universitäten des Mittelalters

1. Bibliographien

S. Stelling-Michaud, L'histoire des universités au Moyen Age et à la Renaissance au cours des vingt-cinq dernières années. Bericht zum 11. Internationalen Kongreß der historischen Wissenschaften, Bd. 1. Stockholm 1960.
Bibliographie internationale de l'histoire des universités. Bd. I: *Espagne, Louvain, Copenhague, Prague.* Studien und Dokumente. Hg. von der Sektion Geschichte der philosophischen Fakultät der Universität Genf, Bd. 9. Genf 1973.
A. L. Gabriel, *Summary Bibliography of the History of the Universities of Great Britain and Ireland up to 1800.* Notre Dame UP 1974.
S. Guénée, *Bibliographie d'historie des universités françaises des origines à la Révolution.* Bd. 1: *Généralités et Université de Paris.* Paris 1981; Bd. 2: *D'Aix-en-Provence à Valence et Académies protestantes.* Paris 1978.

2. Umfassende Studien

H. Rashdall, *The Universities of Europe in the Middle Ages.* 3 Bde, Oxford UP 1936.
S. d'Irsay, *Histoire des universités françaises et étrangères des ori-*

gines à nos jours. Bd. 1: Le Moyen Age et la Renaissance. Paris 1933.

J. Verger, *Les Universités du Moyen Age.* Paris 1973.

A. B. Cobban, *The Medieval Universities. Their Development and Organization.* London 1975.

H. Wieruszowski, *The Medieval University.* Princeton 1966.

3. Die Entstehung der Universitäten im Mittelalter

H. Denifle, *Die Entstehung der Universitäten des Mittelalters bis 1400.* Berlin 1885.

C. H. Haskins, *The Rise of Universities.* Ithaca, N. Y. 1957–1962.

H. Grundmann, *Vom Ursprung der Universität im Mittelalter.* Berlin 1957.

Le Origini dell'università. Hg. G. Arnaldi. Bologna 1974.

J. Verger, Des écoles à l'université. La mutation instituionnelle. In: *La France de Philippe Auguste.* Paris 1982.

4. Dokumentationen und umfassende Ansichten

J. Verger, Studia et Universités. In: *Le Scuole degli ordini medicanti.* Todi 1978.

G. Ermini, Concetto di Studium generale. In: *Scritti di diritto comune.* Hg. von D. Segoloni. Perugia 1976.

H. Grundmann, Sacerdotium-Regnum-Studium. Zur Wertung der Wissenschaft im 13. Jahrhundert. *Archiv für Kulturgeschichte* 34 (1951).

J. Monfrin u. M. H. de Pommerol, Les archives des universités médiévales. Problèmes de documentation. *Revue française de pédagogie* (1974) 27.

M. Fournier, *Les statuts et privilèges des universités françaises depuis leur fondation jusqu'en 1789.* 2 Bde, Paris 1890–1891.

M. H. Jullien de Pommerol, *Sources de l'histoire des universités françaises au Moyen Age.* Paris 1978.

A. L. Gabriel, *Garlandia. Studies in the History of the Mediaeval University,* Frankfurt 1969.

P. Classen, Zur Bedeutung der mittelalterlichen Universitäten. In: *Mittelalterforschung.* Berlin 1981.

J. Le Goff, Quelle conscience l'Université médiévale a-t-elle eu d'elle-même? In: *Miscellanea Mediaevalia.* Berlin 1964.

P. Michaud-Quantin, *Universitas. Expressions du mouvement communautaire dans le Moyen Age latin.* Paris 1970.
J. Verger, Université et communauté au Moyen Age. *CRE-Information* Nr. 62, 1983.
A. L. Gabriel, The Ideal Master of the Mediaeval University. *The Catholic Historical Review* 40 (1974).
G. Post, K. Giocarinis u. R. Kay, The Medieval Heritage of a Humanistic Ideal. Scientia donum dei est, undevendi non potest. *Traditio* (1955) 11.

5. Im Vergleich mit anderen Kulturen

G. Makdisi, Madrasa and University in the Middle Ages. *Studia Islamica* (1970).
G. Makdisi, D. Sourdel u. J. Sourdel-Thomine (Hg.), L'enseignement en Islam et en Occident au Moyen Age. Colloques internationaux de La Napoule 1. *Revue des études islamiques* (1977) 44.
G. Vajda, *Introduction à la pensée juive du Moyen Age.* Paris 1947.
Ph. Sherrard, *The Greek East and the Latin West. A Study in the Christian Tradition.* London 1959.
E. Balazs, *La Bureaucratie céleste.* Paris 1968.
J. Needham, *Clerks and Craftsmen in China and the West.* Cambridge UP 1970.
M. T. South, *Li Ho, a Scholar-Official of the Yuan-ho Period (806–821).* Leyden 1959.
F. Châtelet (Hg.), *La Philosophie médiévale du Ier siècle au XVe siècle.* Paris 1972.

IV. Universitäten und Gelehrte, insbesondere im 13. Jahrhundert

Academici e irregolari. Neapel 1979.
C. M. Ajo G. y Sáinz de Zúniga, *Historia de las universidades hispánicas. Origenes y desarrollo desde su aparición hasta nuestros dias. Bd. 1: Medievo y Renacimiento universitario.* Madrid 1957.
G. Arnaldi, Il notaio-cronista et le cronache cittadine in Italia. In: *La storia del diritto nel quadro delle scienze storiche.* In: *Atti*

del I^e congresso internazionale della Società Italiana di Storia del Diritto. Florenz 1966.

G. Arnaldi, Le origini dello Studio di Padova. Dalla migrazione universitaria del 1222 alla fine del periodo ezzeliniano. *La Cultura* (1977) 4.

T. H. Aston, Oxford's Medieval Alumni. *Past and Present* 74 (1977).

T. H. Aston, The medieval Alumni of the University of Cambridge. *Past and Present* 86 (1980).

J. W. Baldwin, Studium et Regnum. The Penetration of University Personnel into French and English Administration at the turn of the twelfth and thirteenth Centuries. *Revue des Etudes islamiques* (1976) 44.

J. W. Baldwin, Masters at Paris from 1179 to 1215. A social perspective. In: *Renaissance and Renewal in the XIIth century,* Harvard UP 1982.

G. Barone, Università e scuole degli ordini mendicanti. Parigi alla metà del XIII secolo. In: *Il concetto di »sapientia« in San Bonaventura e San Tommaso.* Hg. von A. Musco. Palermo 1983.

L. J. Bataillon, Les crises de l'Université de Paris d'après les sermons universitaires. In: *Miscellanea Mediaevalia,* Nr. 10. Berlin, New York 1976.

L. J. Bataillon, Les conditions de travail des maîtres de l'Université de Paris au XIIIe siècle. *Revue des sciences philosophiques et théologiques* (1983) 67.

G. Beaujouan, Motives and Opportunities for Science in the Medieval Universities. In: *Scientific Change.* Hg. von A. C. Crombie. London 1963.

G. Beaujouan, *Manuscrits scientifiques médiévaux de l'Université de Salamanque.* Bordeaux 1962.

M. Bellomo, Legere, repetere, disputare. Introduzione ad una ricerca sulle quaestiones civilistiche. *Aspetti dell'insegnamento giuridico nelle università medievali. Le quaestiones disputatae«.* In: *Cultura giuridico dell'età medioevale e moderna.* Bd. 1. Reggio Calabria 1974.

M. Bellomo, *Società e istituzioni in Italia tra medioevo ed età moderna.* Catania 1977.

M. Bellomo, *Saggio sull'università nell'età del diretto comune.* Catania 1979.

V. Beltran de Heredia, Los origenes de la Universidad de Sala-

manca. *Acta Salmanticensia. Historia de la Universidad,* Bd. 1. Salamanca 1953.
D. Berg, *Armut und Wissenschaft. Beiträge zur Geschichte des Studienwesens der Bettelorden im 13. Jahrhundert.* Düsseldorf 1977.
A. E. Bernstein, Magisterium and License. Corporative Autonomy against Papal Authority in the Medieval University of Paris. *Viator* (1978) 9.
L. Boehm, Crise des universités médiévales à la fin du XIIIe siècle. In: *Secundum Regulam vivere. Festschrift für P. Norbert Backmund.* Windberg 1978.
G. C. Boyce, *The English German Nation in the University of Paris during the Middle Ages.* Brügge 1927.
V. L. Bullough, *The Development of Medicine as a Profession.* New York 1966.
A. Callebant, Le sermon historique d'études de Châteauroux à Paris, le 18 mars 1229. Autor de l'origine de la grève universitaire et de l'enseignement des mendiants. *Archivum Franciscanum Historicum* 28 (1935).
G. Cencetti, La laurea nelle università medioevali. In: *Atti del convegno per la storia delle università italiane.* Bologna 1940.
P. Classen, Zur Geschichte der »Akademischen Freiheit«, vornehmlich im Mittelalter. *Historische Zeitschrift* 232 (1981).
A. B. Cobban, Medieval Student Power. *Past and Present* 53 (1971).
A. B. Cobban, The Medieval Cambridge Colleges. A Quantitative Study of Higher Degrees to circa 1500. In: *History of Education,* Bd. 9, 1980.
G. M. Colombas, Jalons pour une histoire de l'Université de Salamanque. *Revue d'histoire ecclésiastique* 40 (1960) 2/3.
Y. Congar, Aspects ecclésiologiques de la querelle entre mendiants et séculiers dans la seconde moitié du XIIIe et le début du XIVe siècle. *Archives d'histoire doctrinale et littéraire du Moyen Age* 28 (1961).
Y. Congar, »In dulcedine societatis quaerere veritatem«. *Albertus Magnus, Doctor universalis, 1280–1980.* Mainz 1981.
P. Dautrey, Croissance et adaptation chez les Cisterciens au treizième siècle. Les débuts du Collège des Bernardins de Paris. *Analecta Cisterciensia,* 1–2. Rom 1976.
J. Dauvillier, Origine et histoire des costumes universitaires fran-

çais. *Annales de la faculté de droit de Toulouse.* Bd. 6, Toulouse 1958.
M. M. Davy, La situation juridique des étudiants de l'Université de Paris au XIIIe siècle. *Revue d'histoire de l'Eglise de France* (1931) 17.
J. Destrez, *La pecia dans les manuscrits universitaires du XIIIe et XIVe siècle.* Paris 1935.
A. B. Emden, *A Bibliographical Register of the University of Oxford to A. D. 1500.* 3 Bde, Oxford 1957–1959.
A. B. Emden, *A Bibliographical Register of the University of Cambridge to 1500.* Cambridge 1963.
G. Ermini, *Storia dell'Università di Perugia* Bd. 1, Florenz 1971.
A. d'Esneval, Images de la vie universitaire parisienne dans l'œuvre d'Etienne Langton (vers 1150–1228). *Bulletin de la société d'histoire de Paris et de d'Ile-de-France,* 103–104 (1976–1977).
G. Fasoli, *Per la storia dell'Università di Bologna nel Medio Evo.* Bologna 1970.
M. Fournier, Les bibliothèques des collèges de l'Université de Toulouse. Etude sur les moyens de travail mis à la disposition des étudiants au Moyen Age. *Bibliothèque de l'Ecole des Chartres,* 51 (1890).
J. Fried, *Die Entstehung des Juristenstandes im 12. Jahrhundert. Zur sozialen Stellung und politischen Bedeutung gelehrter Juristen in Bologna und Modena.* Köln, Wien 1974.
A. L. Gabriel (Hg.), The Economic and Material Frame of the Mediaeval Universities. *Texts and Studies in the History of Mediaeval Education,* 15. Notre Dame UP 1977.
A. L. Gabriel, The Source of the Anecdote of the Inconstant Scholar. *Classica e Mediaevalia,* 19. Kopenhagen 1958.
P. Glorieux, L'Enseignement au Moyen Age. Techniques et méthodes un usage à la faculté de théologie de Paris au XIIIe siècle. *Archives d'histoire doctrinale et littéraire du Moyen Age* (1968) 35.
P. Glorieux, *Aux origines de la Sorbonne. Bd. 1: Robert de Sorbon; Bd. 2: Le Cartulaire.* Paris 1965–1966.
P. Glorieux, *La Faculté des arts et ses maîtres au XIIIe siècle.* Paris 1971.
P. Glorieux, Répertoire des maîtres en théologie de Paris au XIIIe siècle. 2 Bde, Paris 1933–1934.
A. Gouron, Le rôle social des juristes dans les villes méridiona-

les au Moyen Age. *Villes de l'Europe méditerranéenne et de l'Europe occidentale du Moyen Age au XIXᵉ siècle. Annales de la faculté des lettres et des sciences humaines de Nice*, 9–10 (1969).
A. Grabois, La genèse du »quartier Latin«. *Studies in History* 23 (1972).
I. Hajnal, *L'Enseignement de l'écriture aux Universités médiévales.* Budapest, 2. Aufl. 1959.
C. H. Haskins, The Life of Medieval Students as illustrated by their Letters; The University of Paris in the Sermons of the 13th Century; Manuals for Students. In: *Studies in Medieval Culture.* New York 1929.
The History of the University of Oxford. Bd. 1: *The Early Oxford Schools.* Hg. von J. I. Cutton, Oxford UP 1983.
Ch. Jourdain, La taxe des logements dans l'Université de Paris. In: *Excursions historiques et philosophiques à travers le Moyen Age.* Paris 1888.
P. Kibre, *Scholary Privileges in the Middle Ages. The Rights, Privileges and Immunities of Scholars and Universities at Bologna, Padua, Paris and Oxford.* London 1962.
G. Le Bras, »Velut splendor firmamenti«. Le docteur dans le droit de l'église médiévale. In: *Mélanges offerts à Etienne Gilson.* Toronto, Paris 1959.
G. Leff, *Paris and Oxford Universities in the Thirteenth and Fourteenth Centuries.* New York 1968.
J. Le Goff, Les universités et les pouvoirs publics au Moyen Age et à la Renaissance. In: *XIIᵉ Congrès international des sciences historiques,* Wien 1965. Bericht III, wiedergegeben in J. Le Goff, *Pour un autre Moyen Age.* Paris 1977.
J. Le Goff, Alle origini del lavoro intellettuale in Italia. I problemi del rapporto fra la letteratura, l'università e le professioni. In: *Letteratura italiana.* Hg. A. Asor Rosa. Bd. 1: *Il Letterato e le istituzioni.* Turin 1982.
A. Maier, Un manuale per gli studenti di diritto di Bologna del secolo XIII–XIV. *L'Archiginnasio 44/45* (1949–1950).
P. Michaud-Quantin, Le droit universitaire dans le conflit parisien de 1252–1257. *Studia Grabiana* 8 (1962).
P. Michaud-Quantin, Le droit universitaire au XIIIᵉ siècle. In: *Septième Centenaire de la mort de Saint Louis.* Paris 1976.
J. Miethke, Der Zugriff der kirchlichen Hierarchie auf die mittelalterliche Universität. Die institutionellen Formen der Kon-

trolle über die universitäre Lehrentwicklung im 12. bis 14. Jahrhundert (am Beispiel von Paris). *Kyrkohistorisk Arskrift* (1978).
G. M. Monti, L'età angioina. In: Storia *dell'Università di Napoli.* Neapel 1924.
G. Post, Masters' Salaries and Student Fees in the Medieval Universities. *Speculum* (1932) 7.
M. M. MacLaughlin, *Intellectual Freedom and its Limitations in the University of Paris in the XIIIth and XIVth Centuries.* New York 1977.
S. Menache, La naissance d'une nouvelle source d'autorité. L'Université de Paris. *Revue historique* 268 (1982).
G. Ortalli, Notariato estoriografia in Bologna nei seculi XIII–XVI. In: *Studi storici sul notariato italiano, III/2. Notariato medievale bolognese.* Rom 1977.
L. J. Paetow, *The Arts Course at Medieval Universities with Special Reference to Grammar and Rhetoric.* Champaign, Ill. 1910.
J. Paquet, Coût des études, pauvreté et labeur: fonctions et métiers d'étudiants au Moyen Age. *History of University* 2 (1982).
J. Paquet, L'immatriculation des étudiants dans les universités médiévales. *Pascua Mediaevalia* (1983).
P. Pollard, The Pecia System in the Medieval universities. In: *Medieval Scribes Manuscripts and Libraries. Essays presented to N. R. Ker.* London 1978.
G. Post, Parisian Masters as a Corporation, 1200–1246. *Speculum* (1934) 9.
E. M. Powicke, Bologna, Paris, Oxford. Three Studia generalia; Some Problems in the History of the Medieval University; The Medieval University in Church and Society; Oxford. In: *Ways of Medieval Life and Thought.* London 1950.
C. Renardy, *Le Monde des maîtres universitaires du diocèse de Liège, 1140–1350. Recherches sur sa composition et ses activités.* Paris 1979.
C. Renardy, *Les Maîtres universitaires dans le diocèse de Liège. Répertoire biographique (1140–1350).* Paris 1981.
C. Ricci, *Monumenti sepolcrali di lettori delle Studio bolognese, nei secoli XIII, XIV e XV.* Bologna 1888.
E. Rigoni, Il tribunale degli scolari dell'Università di Padova nel medioevo. In: *Atti mem. Acc. patavina*, n. ser. 69 (1942–1943).

G. Ritter, *Die Heidelberger Universität.* Bd. 1, Heidelberg 1936.

G. Rossini, La professione notarile nella società veronese dal comune alla signoria. *Economica e Storia* (1971) 1.

R. H. Rouse, The Early Library of the Sorbonne. *Scriptorium* 21 (1967).

K. Rückbrod, *Universität und Kollegium. Baugeschichte und Bautyp.* Darmstadt 1977.

G. Santini, Giuristi collaboratori di Frederico II. Piano di lavoro per una ricerca d'»équipe«. *Atti della Terze Giornate Federiciane, 1974,* Bd. 7. Bari 1977.

B. Schwarz, Das Notariat in Bologna im 13. Jahrhundert. *Quellen und Forschungen aus italienischen Archiven und Bibliotheken* 53 (1973).

N. G. Siraisi, *Arts and Sciences at Padua. The Studium of Padua before 1350.* Toronto 1973.

Le Scuole degli ordini mendicanti (sec. XIII–XIV). Todi 1978.

J. Shatzmiller, Une expérience universitaire méconnue. Le Studium de Manosque, 1247–1249. *Provence historique* 98.

C. E. Smith, *The University of Toulouse in the Middle Ages.* Milwaukee 1959.

A. Sorbelli, *Storia delle Università di Bologna.* Bologna 1944.

Stadt und Universität im Mittelalter in der frühen Neuzeit. Hg. von E. Masdike u. J. Sydnow. Sigmaringen 1977.

W. Steffen, *Die studentische Autonomie im mittelalterlichen Bologna. Eine Untersuchung über die Stellung der Studenten und ihrer Universität gegenüber Professoren und Stadtregierung im 13.–14. Jahrhundert.* Bern 1981.

S. Stelling-Michaud, La Suisse et les universités européennes de 1225 à 1600. Essai d'une statistique de fréquentation. *Revue universitaire suisse 12* (1938).

S. Stelling-Michaud, *L'Université de Bologne et la pénétration des droits romain et canonique en Suisse aux XIIIe et XIVe siècles.* Genf 1955.

S. Stelling-Michaud, La nation de Bourgogne à l'université de Bologne du XIIIe au XIVe siècle. *Mém. soc. droit des pays bourguignons.* Dijon 1956.

S. Stelling-Michaud, Les juristes suisses à Bologne (1225–1330). *Travaux d'humanisme et Renaissance* 38, Genf 1960.

C. H. Talbot, The English Cistercians and the Universities. *Los monjes y los estudios.* 1963.

L. Thorndike, *University Records and Life in the Middle Ages.* Columbia UP 1949.

P. Torelli, Comune e università. *Scritti di storia del diritto italiano.* Mailand 1959.

Università e Società nei secoli XII–XVI. Colloque de Pistoia, 1979. *Quaderni Medievali,* 9, 1980.

Les Universités du Languedoc au treizième siècle. Cahiers de Fanjeaux 5 (1970).

D. E. R. Watt, *A Biographical Dictionary of Scottish Graduates to A. D. 1410.* Oxford, New York 1977.

J. A. Weisheipl, Curriculum of the Faculty of Arts at Oxford in the Early XIVth Century. *Medieval Studies* 26 (1964).

H. Wieruszowski, Arezzo as a Center of Learning and Letters in the thirteenth Century. *Traditio* 9 (1953).

E. Ypma, *La formation des professeurs chez le ermites de Saint Augustin (1259–1354).* Paris.

G. Zaccagnini, *La vita dei maestri e degli scolari nelle studio di Bologna nei secoli XIII*[e] *e XIV*[e]. Genua 1926.

V. Probleme und intellektuelle Debatten im 13. Jahrhundert

Die Auseinandersetzungen an der Pariser Universität im XIII. Jahrhundert. Hg. von A. Zimmermann. In: *Miscellanea Mediaevalia,* 10. Berlin 1976.

A. Borst, *Geschichte an mittelalterlichen Universitäten.* Konstanz 1969.

M. D. Chenu, *La Théologie comme science au XIII*[e] *siècle.* Paris 1969.

M. M. Davy, Les sermons universitaires parisiens de 1230–1231. Contribution à l'histoire de la prédication médiévale. Paris 1931.

H. F. Dondaine, *Le Corpus dionysien de l'Université de Paris au XIII*[e] *siècle.* Rom 1953.

M. M. Dufeil, *Guillaume de Saint-Amour et la polémique universitaire parisienne (1250–1259).* Paris 1972.

M. M. Dufeil, Ierarchia. Un concept dans la polémique universitaire parisienne du XIIIe siècle. In: *Miscellanea Mediaevalia,* 12/1. Berlin 1979.

R. A. Gauthier, *Magnanimité. L'idéal de la grandeur dans la*

philosophie païenne et dans la théologie chrétienne. Paris 1951.
M. Grabmann, *Die Geschichte der scholastischen Methode.* 2 Bde, Berlin 1957.
R. Hissette, *Enquête sur les 219 articles condamnés à Paris le 7 mars 1277. Löwen, Paris 1977.*
R. Hissette, Etienne Tempier et ses condamnations. *Recherches de théologie ancienne et médiévale,* 47. Paris 1980.
S. P. Marrone, *William of Auvergne and Robert Grosseteste. New Ideas of Truth in the Early XIIIth Century.* Princeton 1983.
G. Paré, *Les idées et les lettres au XIIIe siècle. Le Roman de la Rose.* Paris 1947.
Rutebeuf, *Poèmes concernant l'Université de Paris.* Commentaires H. H. Lucas. Paris 1952.
A. Tuilier, La renaissance de l'aristotélisme universitaire à Paris au XIIIe siècle. *The Cambridge History of Later Medieval Philosophy. From Rediscovery of Aristote to the Desintegration of Scholasticism 1100–1600.* Cambridge UP 1982.
F. van Steenberghen, *La Philosophie au XIIIe siècle.* Paris 1966.
F. van Steenberghen, *Aristote en occident.* Löwen 1946.
E. H. Weber, *La controverse de 1270 à l'Université de Paris et son retentissement sur la pensée de Saint Thomas d'Aquin.* Paris 1970.
E. H. Weber, *L'Homme en discussion à l'université de Paris en 1270.* Paris 1970.

VI. Universitäten und Gelehrte im 14. und 15. Jahrhundert

H. R. Abe, Die soziale Gliederung der Erfurter Studentenschaft im Mittelalter, 1392–1521. Bd. 1. *Beiträge zur Geschichte der Universität Erfurt,* VIII, 1961.
J. W. Baldwin u. R. A. Goldthwaite (Hg.), *Universities in Politics. Case Studies from the late Middle Ages and early modern Period.* Baltimore, London 1972.
C. Bec, *Les Marchands écrivains. Affaires et humanisme à Florence 1375–1434.* Paris, Den Haag 1967.
A. E. Bernstein, *Pierre d'Ailly and the Blanchard Affair. University and Chancellor of Paris at the beginning of the Great Schism.* Leyden 1978.

A. Birkenmajer, L'Université de Cracovie, centre international d'études astronomiques à la fin du XVe siècle et au début du XVIe siècle. *Bulletin de l'Académie Polonaise des sciences.* Classe des Lettres, Bde 13–16, Warschau 1955–1957.

C. F. Bühler, *The University and the Press in XVth Century Bologna.* Indiana UP 1958.

G. Capello, *Umanesimo e Scolastica. Rivista di Filosofia Neoscolastica* 69 (1977).

E. Châtelain, Notes sur quelques tavernes fréquentées par l'Université de Paris au XIVe et XVe siècle. *Bulletin de la société de l'histoire de Paris* 25 (1898).

W. J. Courtenay, The Effect of the Black Death on English Higher Education. *Speculum* 55 (1980).

E. Delaruelle, La politique universitaire des papes d'Avignon – spécialement d'Urbain V – et la fondation du Collège espagnol de Bologne. In: *El Cardenal Albornoz y el Colegio de España.* Bd. 2, Bologna 1972.

G. de Lagarde, *La Naissance de l'esprit laïque au déclin du Moyen Age.* 6 Bde, 1934–1946, Neuaufl. 1956–1963.

M. Elie, Quelques maîtres de l'Université de Paris vers l'an 1500. *Archives d'histoire doctrinale et littéraire du Moyen Age* (1950–51).

Ch. J. Ermatinger, Averroism in Early Fourteenth Century Bologna. *Medieval Studies* 16 (1954).

G. Fioravanti, *Università e Città – cultura umanistica e cultura scolastica a Siena nell'400.* Florenz 1980–81, Bd. 3.

A. L. Gabriel, Student Life in Ave Maria College Medieval Paris. *History and Chartulary of the College.* Notre Dame UP 1955.

A. L. Gabriel, Les Etudiants étrangers à l'Université de Paris au XVe siècle. *Annales de l'Université de Paris* 3 (1959).

A. L. Gabriel, The College System in the XIVth century Universities. In: *The Forward Movement of the XIVth century.* Columbus 1961.

A. L. Gabriel, *Petrus Cesaris Wagner and Johannes Stoll. XIVth century. Printers at the University of Paris.* Notre Dame UP 1978.

E. Garin, La concezione dell'università in Italia nell'età del Rinascimento. *Les Universités européennes du XIVe siècle.* Genf 1967.

L. Giard, Histoire de l'Université et du savoir: Padoue XIVe–XVe siècle. *Revue de synthèse* 110 (1983).

E. F. Jacob, On the Promotion of English University Clerks during the later Middle Ages. *Journal of Ecclesiastical History* (1950) 1.

P. O. Kristeller, *Die italienischen Universitäten der Renaissance.* Krefeld 19..

P. O. Kristeller, Humanism and Scholasticism in the Italian Renaissance. *Studies in Renaissance. Thought and Letters.* Rom 1956.

P. O. Kristeller, The University of Bologna and the Renaissance. *Studi e Memorie per la storia dell'Università di Bologna.* 1956.

G. Leff, *The Dissolution of the Medieval Outlook. An Essay on Intellectual and Spiritual Change in the XIVth Century.* New York UP 1976.

J. Le Goff, Dépenses universitaires à Padoue au XVe siècle. *Mélanges* 68 (1956).

G. Lytle, Patronage Patterns and Oxford Colleges c. 1300–c. 1530. *The University in Society*, Bd. 1. Princeton, Lawrence Stone, 1974.

G. F. Lytle, *Oxford Students and English Society, c. 1300–c. 1510.* Princeton, Dissertation 1975.

A. Maier, *Studien zur Naturphilosophie der Spätscholastik.* 5 Bde, Rom 1949–66.

A. Maier, Die Bologneser Philosophen des 14. Jahrhunderts. *Studi e Memorie per la storia dell'Università di Bologna.* 1956.

B. M. Marti, *The Spanish College at Bologna in the Fourteenth Century.* Edition and Translation of its Statues with Introduction and Notes. Philadelphia 1966.

J. Monfrin, Etudiants italiens à la fin du XIVe siècle, *Mélanges d'histoire et d'archéologie publiés par l'Ecole française de Rome* 63 (1951).

A. Moody, Ockham, Buridan and Nicholas of Autrecourt. The Parisian statutes of 1339 and 1340. *Franciscan Studies* (1947) 7.

E. Mornet, Pauperes scolares. Essai sur la condition matérielle des étudiants scandinaves dans les universités aux XIVe et XVe siècles. *Le Moyen Age* 84 (1978).

G. Ouy, Le collège de Navarre, berceau de l'humanisme français. Actes du 95e Congrès national des Sociétés savantes, Bd. 1. Paris 1975.

J. Paquet, J. Ijsewijn (Hg.), *Les Universités à la fin du Moyen Age.* Löwen 1978.

J. Paquet, Recherches sur l'universitaire »pauvre« au Moyen Age. *Revue belge de philosophie et d'histoire* 56 (1978).

E. Raimondi, Umanesimo e università nel quattrocento bolognese. *Studi e Memorie per la storia dell'Università di Bologna* 1 (1956).

G. Ritter, Studien zur Spätscholastik. II: ›Via antiqua‹ und ›via moderna‹ auf den deutschen Universitäten des 15. Jahrhunderts. *Sitzungbericht der Akad. d. Wissensch. Heidelberg* Nr. 7 (1922).

Stone (Hg.), *The University in Society. I: Oxford and Cambridge from the XIVth to the early XIXth Century.* Princeton UP 1974.

R. N. Swanson, Universities, Academies and the Great Schism. Cambridge 1979.

St. Swiezawski, La philosophie à l'université de Cracovie des origines au XVIe siècle. *Archives d'histoire doctrinale et littéraire du Moyen Age* (1963).

Les Universités européennes du quatorzième au dix-huitième siècle. Aspects et problèmes. Actes du colloque international à l'occasion du VIe centenaire de l'université jagellone de Cracovie, 1964. Genf 1967.

J. Verger, Le recrutement géographique des universités françaises au début du XVe siècle d'après les suppliques de 1403. *Mélanges d'archéologie et d'histoire de l'Ecole française de Rome,* Nr. 82, 1970.

J. Verger, *Le Rôle social de l'Université d'Avignon au XVe siècle.* Genf 1971.

J. Verger, Sul ruolo sociale delle università. La Francia tra Medioevo e Rinascimento. *Quaderni Storici* (1973) 23.

J. Verger, Les Universités françaises au XVe siècle. Crise et tentatives de réforme. *Cahiers d'Histoire* 21 (1976).

J. Verger, L'Université d'Avignon au temps de Clément VII. *Genèse et débuts du grand schisme d'Occident.* In: *Colloques internationaux du CNRS,* Nr. 586. Avignon.

J. Verger, Remarques sur l'enseignement des arts dans les universités du Midi à la fin du Moyen Age. *Annales du Midi* 91 (1979).

J. Verger, Noblesse et savoir. Etudiants nobles aux universités d'Avignon, Cahors, Montpellier et Toulouse (fin du XIVe siècle). *La Noblesse au Moyen Age XIe–XVe siècles. Essais à la mémoire de Robert Bautruche.* Hg. Ph. Contamine. Paris 1978.

P. Vignaux, *Nominalisme au XIVe siècle.* Montréal 1948.
C. Vulliez, Une étape privilégiée de l'entrée dans la vie. Le temps des études universitaires à travers l'exemple orléanais des derniers siècles du Moyen Age. *Annales de l'Est* 34 (1982).
D. Zanetti, A l'Université de Pavie au XVe siècle. Les salaires des professeurs. *Annales ESC* (1962).

VII. Studien über einige Denker des Mittelalters

1. Abaelard (1079–1142)

E. Gilson, Héloïse et Abélard. Paris 1964.
D. E. Luscombe, *The School of Peter Abelard. The Influence of Abelard's Thought in the Early Scholastic Period.* Cambridge 1969.
Pierre Abélard, Pierre le Vénérable. Colloque Cluny 1972. Paris 1975.
A. Crocco, *Abelardo. L'altro versante del medioevo.* Neapel 1979.
Abélard en son temps. Colloque Paris 1979. Paris 1981.
J. Verger u. J. Jolivet, *Bernard – Abélard, ou le cloître et l'école.* Paris 1982.
M. Fumagalli u. B. Brocchieri, *Eloisa e Abelardo.* Mailand 1984.

2. Bernhard Silvestris (gest. nach 1159)

B. Stock, *Myth and Science in the XIIth century. A Study of Bernard Silvester.* Princeton 1972.

3. Robert Grosseteste (um 1170–1253)

D. A. Callus, The Oxford Career of Robert Grosseteste, *Oxoniensia* Nr. 10 (1945).
A. C. Crombie, *Robert Grosseteste and the Origins of Experimental Science.* Oxford 1953.
D. A. Callus (Hg.), *Robert Grosseteste. Essays in Commemoration of the VII Century of his Death.* Oxford 1955.

4. Albertus Magnus (um 1200–1280)

A. Zimmermann (Hg.), *Albert der Große. Seine Zeit, sein Werk, seine Wirkung.* In: *Miscellanea Mediaevalia* Nr. 14. Berlin, New York 1981.
Albertus Magnus. Doctor Universalis. 1280–1980. Hg. G. Meyer u. A. Zimmermann. Mainz 1981.

5. Roger Bacon (1214–1294)

F. Alessio, *Mito e scienza in Ruggero Bacone.* Mailand 1957.
M. Frankowska, *Scientia as interpreted by Roger Bacon.* Warschau 1971.

6. Bonaventura (um 1217–1274)

J. G. Bougerol, *Introduction à l'étude de saint Bonaventure.* Paris 1961.
J. G. Bougerol, *Saint Bonaventure et la sagesse chrétienne.* Paris 1963.
S. Bonaventura 1274–1974. 5 Bde, Grottaferrata 1973–74.

7. Thomas von Aquin (1227–1274)

M. D. Chenu, *Saint Thomas d'Aquin et la théologie.* Paris 1959.
M. D. Chenu, *Introduction à l'étude de saint Thomas d'Aquin.* Paris 1976.
J. A. Weisheipl, *Friar Thomas d'Aquino, his Life, Thought and Works.* Oxford 1974.
Thomas von Aquino, Interpretation und Rezeption. Studien und Texte. Hg. v. W. P. Eckert. Mainz 1974.
G. Verbeke u. D. Verhelt (Hg.), *Aquinus and Problems of his Time.* In: *Mediaevalia Lovaniensia* 5, Löwen, Den Haag 1976.

8. Raimundus Lullus (1235–1315)

A. Leinares, *Raymond Lulle, philosophie de l'action.* 1963.
F. W. Plutzeck, *R. Lull. Sein Leben, seine Werke, die Grundlagen seines Denkens.* 2 Bde, Rom, Düsseldorf 1962–64.

9. Siger von Brabant (1235–1281)

F. van Steenberghen, *Maître Siger de Brabant.* Löwen, Paris 1977.

10. Meister Eckhart (um 1260–1327?)

M. A. Lücker, *Meister Eckhart und die Devotio Moderna.* Leyden 1952.
J. Ancelet-Hustache, *Maître Eckhart et la Mystique rhénane.* Paris 1976.

11. Dante (1265–1321)

B. Nardi, *Dante e la Cultura Medievale.* Bari 1949.
A. Pézard, *Dante sous la pluie de feu.* Paris 1950.
A. Renaudet, *Dante humaniste.* Paris 1952.
E. Gilson, *Dante et la philosophie.* Paris 1953.
M. de Gandillac, *Dante.* Paris 1968.
E. L. Fortin, *Dissidence et philosophie au Moyen âge. Dante et ses antécédents.* Montréal, Paris 1981.

12. Johannes Duns Scotus (um 1270–1308)

E. Gilson, Jean Duns Scot. Introduction à ses positions fondamentales. Paris 1952.

13. Wilhelm von Ockham (um 1288–1348)

R. Guelluy, *Philosophie et théologie chez Guillaume d'Occam.* Löwen 1947.
L. Baudry, *Guillaume d'Occam. Sa vie, ses œuvres, ses idées sociales et politiques.* Paris 1950, Bd. 1.
G. Leff, *William of Ockham. The Metamorphoses of Scholastic Discourse.* Manchester 1975.

14. Wyclif (1330–1384)

K. B. Mac Farlane, *John Wycliffe and the Beginnings of English Nonconformity.* London 1952.
L. J. Daly, *The Political Theory of John Wyclif.* Chicago 1962.
A. Robson, *Wyclif and the Oxford Schools.* Cambridge 1966.

15. Geoffrey Chaucer (um 1340–1400)

J. A. W. Bennet, *Chaucer at Oxford and at Cambridge.* Toronto, Buffalo 1974.

16. Johannes Gerson (1363–1429)

A. Combes, *Jean Gerson commentateur dionysien. Pour l'histoire des courants doctrinaux à l'Université de Paris à la fin du XIVe siècle.* Paris 1940.
A. Combes, *Jean de Montreuil et le chancelier Gerson. Contribution à l'histoire des rapports de l'humanisme et de la théologie en France au début du XVe siècle.* Paris 1942.
P. Glorieux, L'enseignement universitaire de Gerson. *Recherches de théologie ancienne et médiévale,* Nr. 23 (1956).
P. Glorieux, Le chancelier Gerson et la réforme de l'enseignement. *Mélanges offerts à Etienne Gilson.* Toronto, Paris 1959.
S. E. Ozment, The University and the Church. Patterns of Reform in Jean Gerson. *Medievalia et Humanistica* (1970).

17. Nikolaus von Kues (1401–1464)

M. de Gandillac, *La Philosophie de Nicolas de Cues.* Paris 1942.
Nicolas de Cues, Morceaux choisis. Paris 1942.

18. Gabriel Biel (gest. 1495)

H. Oberman, *The Harvest of Medieval Theology. Gabriel Biel and Late Medieval Nomminalism.* Cambridge, Mass. 1963.

Personen- und Ortsregister